和風

和風老屋旅行散策

文字—江明麗
攝影—何忠誠

目錄 CONTENTS

Xinpu

海拔
31

雲林布袋戲館

前言

日式老屋在台灣——島嶼上溫婉懷舊的風景

不經意的美麗總在抬首時、回眸處的剎那產生；欣賞老建築的風采，從來不須太過刻意，一抹斜陽或一簾雨幕均有各自風情。

台灣的日式建築在這幾年的積極保存下，走過歲月的斑駁，煥發新姿態，甚而成為歷史課綱的活教材。我們可以在近百年的北投文物館學習茶道，在高雄武德殿研習劍道，或者越過中央山脈，到花蓮松園別館，聽聽神風特攻隊領飲御前酒的故事……老和風的優雅就這麼在扉頁之間展開。

和風之美在扉頁間

日治時期五十年，留下不少史料、遺址與建築，套句廣告詞，所謂凡走過必留下痕跡，而這些痕跡有意義且美麗，總在轉角處吸引眾人的目光。欣賞老屋不一定要唸建築科系才有資格，其實只要約略瞭解幾項特色，同樣能閱讀空間之美。

尚未細究日式建築議題之前，日本房子對我來說，就是一棟棟具有動人時光韻味的屋宅，仔細鑽研之下才發現細節之美，譬如鬼瓦的造型可以千姿百態；譬如雨

展示館

淋板還有英式、德式的區分；台灣沒有天守閣，但仍舊可以在武德殿或神社建築遺址中，找到千鳥破風與唐破風的區別……

追尋五十年時光，全島走透透

將近一年的規劃、採訪、拍攝、撰寫與製作，這本書囊括了台灣二十八處經典日式建築與十條和風路線，從南到北，由西至東，舉凡官舍、廟宇、車站、神社、酒廠等一一羅列。不僅訪了台灣日治時期三大歷史建築之一的國定古蹟臺南地方法院，也粗略認識了建築師森

山松之助與辰野金吾的才華；當然，隨著老建築轉型為文創空間，大家也有機會品茶道、穿和服，悠遊在歷史懷舊氛圍之中。

專業導覽者引人入勝

走馬看花不能領略建築之美，本書針對幾處經典建築，邀請專業的導覽者現場解說。任職於文化部文資局科長楊宏祥，以其專業的面向介紹，讓台中舊酒廠的細緻之美更為突出；臺中刑務所演武場館長陳宥潔以藝術管理專業，融會老建築與現代新六藝的關聯；旗山碾米廠的旗山農會推廣股長杜文元，與二結農會穀倉的大二結文化基金會董事長林奠鴻，均仔細分享日式穀倉最傳統的格局作法，能一窺當時農業倉儲的樣貌。另有嘉義舊監獄的文史工作者陳俊文，以及南門園區的資深說明員陳信鈞……感謝他們給予本書的支援與協助。

楊楊米的幽香、緣側的風；馬薩頂的暖陽、磚牆的雨；鬼瓦刻的雲朵、床之間的柱……關於日式建築的精采，要一點一點來賞。

Part 1

穿梭百年流光，
遇見日式老屋顏

日式建築安然挺立，
見證時代的美麗與滄桑

一棟棟日式老屋，
展現舊時代的人文地貌與生活情境。
台灣各地在日治時期留下許多日式建築遺跡，
舉凡別莊、溫泉浴場、旅社、
神社、校舍、招待所、茶館、道場……
皆帶著濃厚的東洋風情，
時至今日，
在這塊土地上持續洋溢日式遺風。

島嶼上的日式遺風——

和風建築散落街巷與車站

一八九五年四月十七日，當李鴻章在春帆樓邊吃著日本山口縣特有的河豚生魚片，邊簽下馬關條約之時，伴隨著窗外馬關海峽（今下關海峽）的波濤，台灣也走入了日本治理的五十個年頭。

日治時期歷經三代君主，十九任台灣總督，從一八九五到一九四五年，明治、大正、昭和，每個時期都有不同的政策與建設，也相對影響了島內的建築形式；百年來，被拆除的、被保留的，吉光片羽都值得珍藏。

明治天皇在位於一八九五到一九一二年間，這期間推行的明治維新運動讓日本廣受西方文化薰陶，其中也包括建築層面。這樣的風潮吹到殖民地台灣，在一八九五到一九一二年的始政時期，雖有不少抗爭活動，但一些如醫院、銀行、車站、學校、專賣局與州廳官舍等陸續興建，讓台灣總督的各項政策能順利推展，其中的重要建設當屬一九〇八年通車的台灣縱貫鐵道路網。

三代君主時期，食衣住行洋溢和風

日治時期大約可區分成三個階段，第一：一八九五到一九一二年的始政階段；第二：一九一五到一九三七年的同化階段；第三：一九三七到一九四五年的皇民化階段。

歷經第一階段的激烈對抗，第二個時期走向懷柔政策，除重大公共建設外，一般庶民生活依其原有步調進行，幾項重要的官舍建築也經歷創建與改建，包括原本木造的臺灣總督府，也在一九一九年改建成如今的樣貌。

皇民化計畫興起於一九三七年蘆溝橋事變發生，二次大戰開打，日本當局加強管控殖民地物資，在思想上要求台灣認同、效忠日本天皇，這期間神社建築數量達到高峰，包括台灣神宮（現址圓山大飯店）、桃園神社。

日本治理台灣不脫帝國主義心態，縱使進行全面的食衣住行等各項建設，最原始的目的，還是為了供應日本本國所需；撇開這種強弱對比的狀況，當時所遺留下來的一些技術、文物、建築乃至於生活習慣，亦可擇優沿用並去蕪存菁。

州廳官舍，融入和洋折衷設計

台灣現今的行政區域劃分由日本州治時期沿用修改。日本時代總共歷經八次改制，大約可分為沿用清朝的縣制，以及後來規劃的廳制與州制，直到一九二六年五州三廳方才底定，分別是台北、新竹、台中、台南、高雄五州，與花蓮港、台東、澎湖三廳。

官辦廳舍中，州治時期的五棟州廳建築也非常漂亮，目前均已卸下各自的身分轉作他用。台北州廳即現今的監察院；台中州廳除作為市政府都市發展局和環保局辦公場所，也規劃陳列館，開放給一般民眾參觀；台南州廳已改為台灣文學館對外開放；至於高雄州廳，則於一九八七年完全拆撤。

新竹車站（圖片來源：Shutterstock）

七大經典火車站，建築美學之作

交通建設方面，一九〇八年通車的台灣縱貫線鐵路讓基隆到高雄串連起來，各個火車站也成了建築師的表演舞台。七大經典火車站包括基隆、台北、新竹、台中、嘉義、台南和高雄，均為和洋折衷主義式樣，堪稱建築美學代表。其中，基隆、台北、嘉義等三個車站，均已拆撤改建，不復原貌；台中與高雄車站，也因新站體成立而作為古蹟陳列；目前唯有新竹車站仍舊服役中。

林場官舍與糖廠建築，見證物產豐饒

農林發展是日治時期的重要經濟改革，台灣豐富的林相與蔗糖、菸酒產業，促使林場、糖廠與酒廠相繼成立。林業園區包括羅東、林田山；糖廠包括高雄橋頭、雲林虎尾與斗六、嘉義蒜頭、台南總爺與烏樹林等等。目前除了虎尾、斗六糖廠仍在運作，其他均已轉型為觀光糖廠，對外開放。

酒廠轉型為文創園區，演繹新舊之美

酒廠的歷史發展與糖廠如出一轍，當產業沒落，遺留下大片廠址遺跡，讓老建築以不同的型態重新站上舞台，應屬最好的出路。日治時期台灣興建的酒廠包括台北、台中、嘉義、宜蘭、花蓮，是文化部所屬的五大文創園區。在走出製酒產業後，包覆以古蹟、藝文或設計等相關特色，讓眾人沉浸老時光裡，培養美學基因。

細賞建築美學——

日式建築&和洋折衷式樣

日本政府在台五十年，所有的建築式樣約可概分為兩種，一是傳統日式建築風格，一是加入了西方多種建築語彙的和洋折衷式樣。前者有其固定的規格；後者種類相當多元，包含了新古典主義、巴洛克、現代主義等，主要因為設計的建築師曾留學英國或師承英國建築師，在日本無發揮的舞台，於是選擇遠赴台灣，將所有的創意在此生根發芽，也造就了獨有的建築作品。

最具代表性的建築師包括辰野金吾（東京車站、台灣菸酒公賣局）、森山松之助（辰野金吾學生，代表作臺灣總督府、台南州廳、台北州廳）、近藤十郎（台北帝國大學附屬病院，即台灣大學附設醫院）、長野宇平治等。

宿舍、民宅、神社、武德殿，有階級也有巧思

傳統日本建築有一定的標準，木建材是基本元素，多用於官舍、民居、小車站與神社等設計。針對官方宿舍頒訂的法制條例，上到市長官邸、廠長宿舍、職員居所，什麼樣的配置一清二楚，例如座敷應有六疊或八疊榻榻米，床之間該用哪種等級床柱，都有規範。

使用的建材與工法大同小異，通常以黑瓦、雨淋板、邊竹夾泥牆最常見。比較特別的是，為了因應台灣氣候，屋宅都會抬高用以防潮；另外，窗台下的氣窗，也是為了散發濕氣而增添的設置。

神社依照社格大小作為興建標準，除了伊勢神宮因為太過尊貴不列入社格以外，其他均按照官社與民社興建。官社裡有「官幣社」、「國幣社」大中小階級之

別；台灣最高者為台灣神社，屬於國幣大社。

在空間配置上最能看出建築美感的，包括本殿及事務所。本殿設計包含神明造、入母屋造；台灣現存神社多為入母屋造，至於金瓜石神社與台灣神社原始設計，則為神明造。

武德殿原本是平安時代皇城裡的一棟建築，後來被武德會作為武道館的設計參考。台灣較具規模的武德殿包括台南、高雄、大溪等，抬高的地基是特色，與日本當地有所區別。入門口與屋頂會有千鳥與唐破風設計；使用的外牆建材，依年代不同而有紅磚、洗石子等不同材質；通常在屋頂正脊兩端會安置鴟尾，有防火驅邪的作用。

車站、州廳舍、銀行具和洋特色

將日本近代和風建築與洋風建築語彙融合的，概稱和洋折衷建築，這種形式在明治維新後興起，台灣有相當多老屋案例留存。這類建築在日本造屋基本結構上添加許多西方元素，如新古典主義、維多利亞、巴洛克及文藝復興等，是建築師對於自身所學的展現，也是另一種建築學派的歸屬。

和洋折衷建築在屋頂上有馬薩式、圓頂形式，代表建築為國立臺灣博物館、臺南地方法院，門廊與門廳以華麗的希臘立柱打造，繁複的花紋、勛章、彩帶，以泥塑工法雕琢，細節精緻，引人入勝。哥德式設計也運用在台灣的歷史建築上，包括花蓮港出張所與台灣基督長老教會濟南教會（原名台北幸町教會，一九一六年井上薰）。其他尚有牛眼窗、拱心石、牛腿飾柱、山牆等，均是欣賞的重點。

認識東洋建築元素——
必賞日式老屋特色16選

欣賞日式老屋之美，認識東洋建築詞彙是重要的線索。本單元精選16項必賞日式建築元素，一窺老屋經典的造型式樣、建材工法、裝飾擺設及生活空間運用等，遊賞之餘，有更多知性的收穫。

01— 緣側

傳統房屋中的外廊部分，可以作為連接屋內外到庭園間的過道空間。為了防颱、防風、防雨而設置雨戶（擋雨的實木板），兩旁也有設置可容納雨戶板的空間，稱為「戶袋」。

02— 床之間（凹間）

傳統和室裡一處內凹的空間，通常設於座敷內，組成要件包括床之柱、床板、床框、床脇、天袋、地袋，以及付書院。床之柱代表房屋的格局，官階身分越高，床柱使用的木頭就越珍貴；床脇位在床之柱左右一側，被稱為「違棚」，有兩段式的棚架，通常用來放置書籍、茶具和藝術品；天袋、地袋意指上下儲藏格；付書院為床之柱左側外凸的窗台空間，整個形式稱為「書院造」，是武士時期流行的設計風格。

03— 欄間

指介於和室屋內天花板與拉門之間的通風、透氣、採光隔屏，通常以鏤空雕刻或竹枝木枝交錯榫接的手法裝飾，簡單或華麗的式樣皆有；台灣多為梳子狀或格狀形式，鏤刻則有自然山水景色的圖案。

04— 幛子、襖

為房屋隔間用的拉門，幛子為透光性質，襖為不透光的隔屏，後者多使用布質或多層和紙糊製。幛子門的造型多變，比較常見的有腰付（下開口）、水腰（平均的格狀）、額入（中段開口）與貓間（中段開口附左右開合隔屏）幛子等；而適合賞雪與觀月的，另有雪見幛子與月見幛子。前者是上段隔窗、下段玻璃的作法，跽坐（跪而聳身挺腰坐）時，能直接欣賞窗外的雪景。

05— 天井（天花板）

日式建築為了遮住屋頂橫梁的設計，常見的型態有竿緣天井、平格天井、折上格天井等。竿緣天井是台灣日式房屋常見的作法，採用細長木頭，以等比例規格交錯穿插，形成相當規矩的矩形式樣，重點在於須與床之間方向平行。

06— 鬼瓦

日本屋脊上的裝飾瓦，多見於屋脊四面尾端與主脊左右兩側。鬼瓦樣式琳瑯滿目，因有闢邪之用，多以兇惡的鬼面或獸面製造，普通民居鬼瓦為雲朵圖案，也有佛寺以經書捲冊的造型製作。

07— 屋架

台灣常見的日式老屋建築採用日式屋架（和小屋組）與西式屋架（洋小屋組）兩種作法。和小屋組採用直、橫木頭榫接交錯支撐，剖面看來類似大小不一的雙十格局；洋小屋組則使用了四十五度角斜撐的原理，看起來像英文字倒V的模樣。

08— 虹梁

屋架上的水平構件，可支撐約束木柱之間的力量，工匠多會在木頭上雕刻裝飾。日本老屋中最常見的就屬海老虹梁；海老即蝦子，來自於蝦子彎曲身形之意。

09— 蟇股

蟇（音同麻）股，為上下橫梁之間的托物，可分散重量，達到建築的穩固。蟇股也譯為蛙股，形狀有如青蛙蹲踞的姿態而得名。如同懸魚、鬼瓦一般，蟇股也發展成許多漂亮紋路，除了花卉、雲朵形狀外，也出現獸樣與禽鳥的造型，樣式千變萬化。

10— 下見板（雨淋板）

傳統木造房屋的外牆，主要用於防止雨水滲入屋內，分別有英式與德式兩種工法。英式採用一片疊一片的作法，再以長木條壓緊，讓雨水順波而下；德式作法則採用卡榫的木片，一片卡一片咬緊空隙，不讓水氣進入。

11—懸魚

設於日本山牆或破風板下的一種裝飾物品，帶有防止火災的寓意。日本懸魚花樣繁複，台灣常見的圖案包括豬目、三花、梅缽、兔毛通與蕪懸魚。

12—破風板

傳統日本建築手法，多出現在切妻屋造或入母屋造兩側的山牆處，除作為裝飾，也具有防止雨水侵蝕屋梁的作用。破風設計常見於寺院、神社或天守閣，可概略分為千鳥破風與唐破風。千鳥破風唯一三角形開口，與入母屋破風類似，不同之處在於，千鳥破風是獨立於屋頂的設置；唐破風類似中國唐代捲棚，屋簷呈現圓弧形樣式。

13—疊蓆（榻榻米）

用稻草製作的坐席，早期多鋪設在座敷空間，初期只能貴族使用，後來普及到民間，凡和室屋居室場所都有鋪設。疊蓆的尺寸大小按照各地造屋空間而有所不同，關東一疊為一七五七×八七九公釐；關西一疊為一九〇九×九五四公釐；目前則多使用（一七〇〇×八五〇公釐）的尺寸，一疊等於一．六二平方公尺。疊蓆拼排有些忌諱，譬如邊線不能直對床之間與出入口，也不能有四角相對的排列方式。

14—小舞壁

日治時期前期施做傳統房屋牆體的工法，隸屬於真壁造作法，常用於民宅及神社的外牆或隔間牆，也稱為編竹夾泥牆，材料包括有長條貫木、竹片、竹網、黏土漿與灰泥。

15—鳥居

日本神社的建築要件，意寓為人類世界與神明世界的通道結界，設於參道沿途，依照參道的距離可設置多座鳥居。基本結構包括二根支柱與二根橫梁，舉凡神明鳥居、八幡鳥居與春日鳥居等，另外也有三柱鳥居與兩部鳥居（例如廣島縣的嚴島神社鳥居）；各個部位稱謂有笠木、島木（上橫梁）、貫木（下橫梁）、額束（中間牌匾）、立柱及台石等。

16—屋頂（屋根）

日式屋頂林林總總大約有十來項，在台灣常見的大概有四種，包括切妻屋根、寄棟屋根、入母屋根及方形屋根（或稱寶形造），這幾種形式多來自中國，也各有不同名稱。切妻屋根為懸山頂，屬雙坡式屋頂，長方形空間，常見於神社；寄棟屋根為廡殿式樣，為五脊四坡式，屋頂有四面斜坡，在各式屋頂中等級最高；入母屋根及方形屋根，則為歇山頂與四柱攢尖，常見於佛寺及武德殿。

常見日式建築屋頂

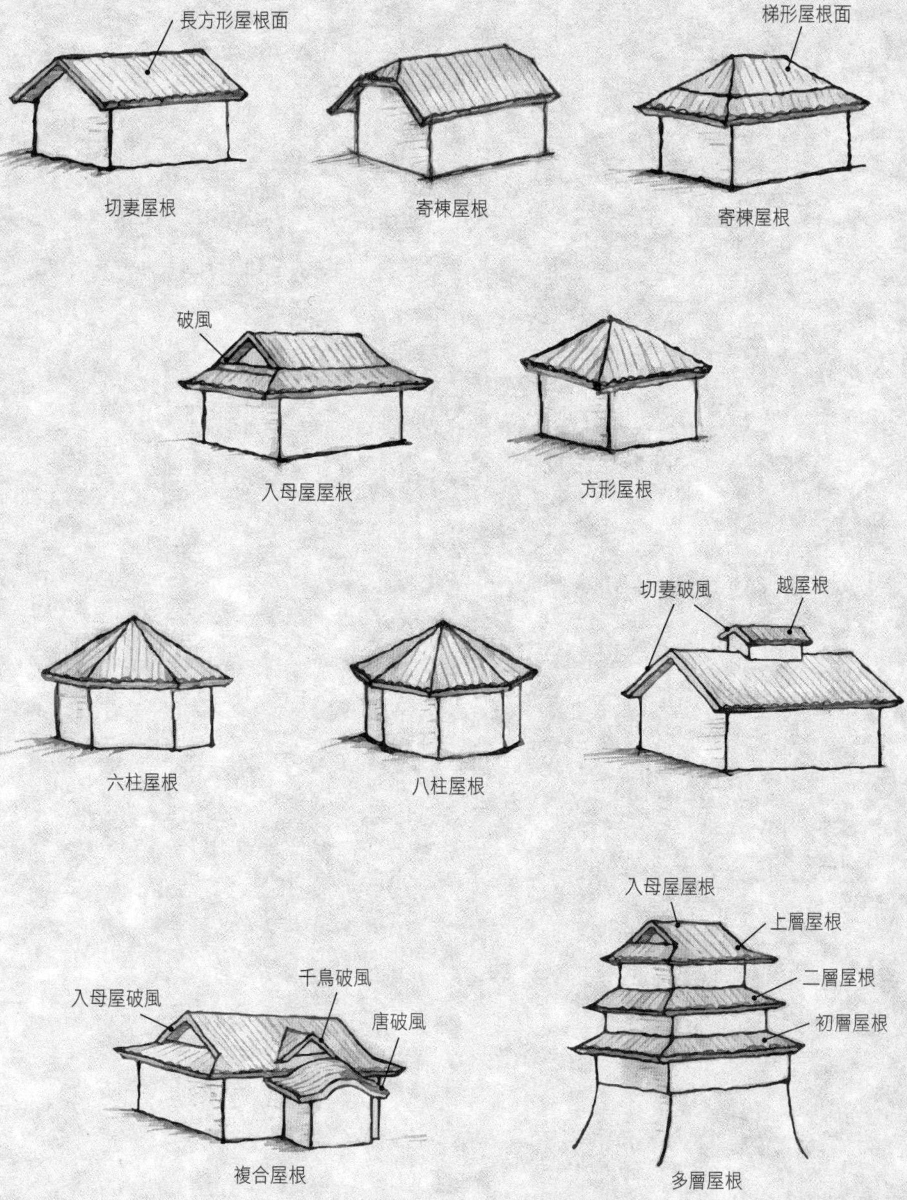
長方形屋根面
梯形屋根面
切妻屋根
寄棟屋根
寄棟屋根
破風
入母屋屋根
方形屋根
切妻破風
越屋根
六柱屋根
八柱屋根
入母屋屋根
上層屋根
二層屋根
初層屋根
千鳥破風
入母屋破風
唐破風
複合屋根
多層屋根

Part 2

和風小旅行，漫遊日式老建築

走讀時代記憶、街廓聚落與土地的故事

建築是城市的風景，
老建築更有著訴說不盡的故事。
台灣遺留下來的日式建築，
串起日治時期關於茶園、礦業、林業、
製糖、菸草產業、農漁牧業等興衰景況。
循著時光線索，穿街走巷，
可從中一窺早年庶民生活的軌跡，
在日式氛圍濃厚的屋舍、街廓間，
來一趟和風小旅行。

和風 台北市

北投文物館

聆聽百年溫泉旅館的吟唱

歷史風華總隨著建築、文物流轉，
前身為佳山旅館的北投文物館，
在溫泉鄉度過九十七個年頭，
招待過名人仕紳，
膺選過電影場景，
斑駁的屋瓦與馨香的榻榻米留守著歲月，
成為如今集藝文展演、
會議筵席與文化美學並列的空間，
讓賓客們在古蹟建築中，
跨過時間長河，
重溫那個精緻且悠閒的年代。

北投文物館裡有不少老物件能勾起當年的回憶，一紙一九三〇年製作的佳山旅館溫泉御案內（廣告宣傳單），讓閱讀者猶如拉開時光軌鏈，走進一九二〇年的時空。日治時期的常民生活便是一頁和風習習的捲軸，讀日音、寫日文，就連餐飲與度假模式也沾染濃濃和風，時人的聚會商宴總會挑選高級料亭或知名旅館，而具有溫泉地質的北投，也成為商人們打造高級別莊的絕佳地點。

佳山旅館憶觥籌交錯眾賓歡

佳山旅館是一棟私人興建的度假空間，由日本吉田家族經營。旅館有兩棟建築，分別是一九二一年建造的本棟（今北投文物館本館）與一九三五年增建的別館（今陶然居）。本棟分有前後棟，後棟為一座二層樓木造建築，包括宴客的大廣間，以及於一九三九年增建的洋式屋與洋式客廳。

溫泉湯是此處招牌，旅館也曾在其中規劃約七處泡湯浴池供賓客們使用。溫泉會館經營到一九四五年結束第一階段，這其中還曾作為軍官招待所，傳說神風特攻

隊隊員也是座上賓。日本戰敗後國民政府接手，陸續為外交部、私人物業主管，一九九八年台北市政府列為市定古蹟，並在二〇〇二年起耗費五年多的時間修復，如今由福祿文化基金會經營管理，旅館角色遞嬗轉換，從無減損其風華半分。

細節處品味日式建築美學

從高處俯瞰，文物館建築採群雁飛翔隊形設計，沉穩洗練的屋宇掩映在綠意山林間，屋頂多為入母屋造式樣。館內格局為數間的客居錯落著泡湯室，幽深廊道間開闢了二處枯山水造景，石燈籠伴四季花卉，浮沉在白砂營造的水波紋上，不論晴雨都具禪意。

日式屋宇的美感在細節處，此間值得品賞的莫過於透亮穿景的幛

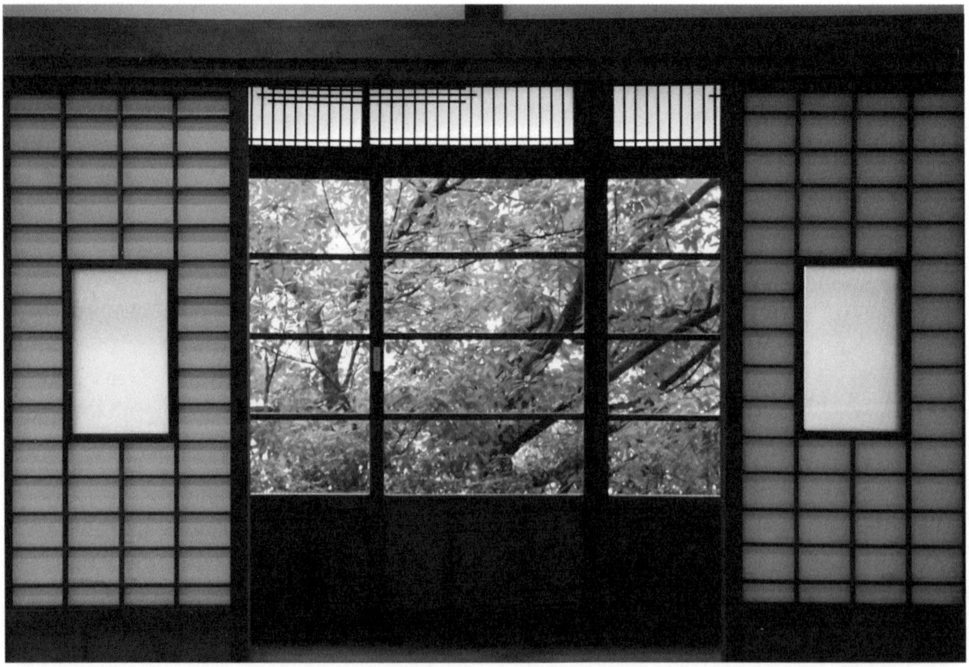

子與欄間隔屏，而典型的書院造作法也揭櫫當時工匠們對這種式樣的喜愛。幛子各有形式，一般屋宅多為格狀的水腰幛子，此處作法細緻，選擇開了中間口的額入幛子，以木格窗櫺、和式紙，以及中間的毛玻璃窗口組成，在光影的變換下，展現迷人風采。

欄間的設計無疑是文物館的瑰寶，一般修復單位甚少保留這樣的設置，因此，能在館內欣賞一片片山水風景的欄間雕刻木屏令人驚豔。欄間是介於拉門、紙門與天花板之間的楣窗設計，樣式多元，文物館內最經典的有櫛形幛子欄間、欄間與雕刻欄間。櫛形者是如同梳子般的造型；筬欄間則以細木枝或竹子榫接交織成列，工法細緻；雕刻欄間以山水自然為景，在板上鏤刻松、竹、梅等多種圖樣，最經典的就是日本神山——富士山。

針對老旅館這幾片富士山欄間，文物館副館長余友良說了鮮為人知的小巧思：「欄間都是鏤空設計，凡有光影投射便會將圖案映照在牆上，客人入住這帶有富士山欄間的客室，當女將提著燈火從外圍走過，富士山的樣子會在室內投影放大，巍然矗立，高潔神聖。」

重現昔時風華，古蹟文物賞析

歷經五年多的修復，北投文物館盡力按照原樣重現，以殘落片瓦作為老物展示，也蒐羅當時留下的珍寶。最值得賞析的，就是掛於前棟的遊八福佳山圖、大廣間，以及唯一保存的古董風呂。

風呂是旅館的必要設施，文物館目前僅還原一座，位在主棟後方南側位置，此處澡間寬敞，浴池不大，卻使用當時先進的十三面溝磁磚砌築，除了看中其防潮的功能外，本地北投窯廠燒製出品的便利性也是使用原因。現今的浴池採下凹式作法應為後來改建，但磁磚是原本的老物；牆面地板新舊交錯，留下了修復前後的軌跡。

料理饗宴與茶道文化體驗

昔日的溫泉旅館變身為多元化的遊憩空間，北投文物館在二〇〇八年開放，經營者讓舊時光沉澱，也賦予新世代意義。前棟原本的客室規劃為美食用餐區，和式氛圍配上四季窗景，菜單依季節設計，以懷石午膳與慢活下午茶精緻待客，均是大自然饗宴。

文物館特別與日本茶道名家「裏千家」合作，每月推出一次體驗，過程約一個半小時，邀請「茶道裏千家淡交會北投協會」指導老師

祝曉梅女士教授茶道體驗，包括展示的花朵、入席的動作，主客之間的位置、交流，乃至於煮茶的器具等，謹守禮的分際，讓賓客在愉悅的時光裡暢想茶的滋味。

枯山水

也稱假山水，是日本一種寫意的庭院裝飾風格，來自日本禪院擬仿自然山水的作法，大小視場地而有所不同，通常會以石組來代表群山，綠植代表森林，而地面的白砂以環狀或弧狀掃出波痕，代表流動的水紋，以營造海河的景象。

棟札

於修復時在後棟二樓的屋架上發現棟札，以墨筆書寫，此種式樣屬於日蓮宗一派，中間大字為目蓮法華經，背後註明「家內安全子孫繁榮」字樣。

溫泉會館身分證

文物館內保留當年溫泉旅館申請管線的牌照證明，文物均陳列在館內的常設館室，包括有北投水廠的溫泉使用牌、自來水的使用牌與台電使用牌，估計使用年份在一九四六至一九七四年之間。

INFO

地址：台北市北投區幽雅路32號

電話：（02）2891-2318

營時：10:00～18:00，週一休。免費導覽時間：週六、日及國定假日上午11:00及下午14:30各一場

費用：參觀券120元。懷石午膳880元，慢活下午茶500元，茶道體驗850元

網址：www.beitoumuseum.org.tw

臺灣博物館南門園區

台北市

走過百年歲月的樟腦＆鴉片倉庫

前臺灣總督府專賣局台北南門工場，
現已規劃為臺灣博物館的南門園區。
創建於一八九九年，
早年為製造及試驗樟腦、鴉片的重要生產基地，
是日本時代全台唯一的公營樟腦加工廠。
目前僅存小白宮與紅樓兩棟建築，
很難想像這處工場早年面積是如今的八倍之多。
園區氛圍從南昌路上的一整排樟樹林道渲染開來，
串連園區內特意保留的一段亞歷山大椰子步道。
資深說明員陳信鈞說：
「當年裕仁皇太子的車駕，
就是沿著這條亞歷山大椰子林蔭道進入廠區，
走過紅磚砌成的拱門視察樟腦的製作流程。」

南門工場座落在博愛特區一條有著茂密樟樹林道的街側，對面是公賣局，該處也曾是南門工場的範疇。看著黑白照片上那一望無際的低矮廠房後，不難理解當年日本政府的重視程度。據說椰林大道設計，是台灣日式建築很基本的配備，因為台灣的亞熱帶氣候與具有南洋風情的大椰樹很對味，高大筆直的樣子，作為迎賓大道既氣派又有風格。

能驅蟲的樟腦也要一級保護

一般人會疑惑樟腦不就是拿來驅蟲、抗菌嗎？有必要為此特設一處製造工場並為之保護？其實，樟腦本身也可作為火藥的安定劑，這在當年日本一度處於戰火線上的景況來說，是非常珍貴的物品，因此連同鴉片一起被列入公賣品，並於一八九九年設立試驗與製造基地。南門園區現存建築就是作為倉庫藏貨儲存使用。

原味修復，還原百年古蹟樣貌

南門工場樟腦、鴉片倉庫區在一九九八年被內政部列為國定古蹟，二〇〇六年臺博館接手進行一連串的修復，原汁原味保留當初的設計與模樣。現存的建築與

樟腦產業
南門工場常設展

設備包括紅樓、小白宮與四百石貯水槽等；從這些歷史遺跡，可一窺日本時代建築師的設計手法與當時繁忙緊湊的氛圍。

古典紅樓，洋溢維多利亞安妮女王風

建築師對於空間場域的考量具備全面性，受到傳統日式格局與西方式樣薰陶的日本設計師也不例外。

經典辰野式樣——紅磚與灰泥飾帶造型

紅樓是現代的暱稱，因為是以紅磚砌造而成。這幢建築作為樟腦倉庫使用，建於一九一五年，手法屬於歷史式樣偏維多利亞時期流行的安妮女王式樣。這時期的日本設計師受到留英的日本建築大師辰野金吾影響，多使用飾帶、拱門造型，故也稱為「辰野式樣」；本棟建築的設計者土生瑾作亦大量運用此元素，讓建築多了一些優雅的味道。

外牆ＴＲ紅磚——磚體大而沉，耐用又耐看

紅樓外牆使用非常耐用的ＴＲ紅磚，由台灣煉瓦株式會社（Taiwan Renga）生產；相較於現在的紅磚，ＴＲ紅磚體積更大，重量更沉。

這樣的磚體也可在紅樓旁的荷造場（棚架區）地面上發現。這裡是工人卸貨的區域，博物館還原了當初的運行軌道，並在地坪上鋪了新舊兩種紅磚，讓兩段不同的時空在此有了完美的交會。

展示樟腦產業與日式屋頂模型

紅樓內部空間規劃陳列室，以樟腦產業與南門工場為主題推出常設展，清楚的圖文介紹搭配模型，可以認識樟腦的用途與製作方法。

另一區除有一九一六年建造的貨梯遺址可參觀之外，最吸睛的，還是小白宮屋頂建造模型，這是當初修復師傅製作的打樣板，剖面構造讓人窺見此處屋頂的疊架順序與建材。

荷造場融合多元建材，實用且具美感

一旁的荷造場可以看到不少設計者的巧思妙意，包括由不同建材架築起的拱門、日治時期就已經使用的L型角鋼，以及帶有承接角鋼桁架重量的弧形牛腿托架等，不僅具有功能，也兼顧了裝飾與美感。

荷造場的另一區域，目前作為餐廳使用，販售創意料理與文創商品，很受親子團體歡迎。

小白宮與台北府的歷史串連

小白宮建於一九〇二年，日本時代作為鴉片物品存放倉庫，設計式樣走古典形式，最大的特點在外牆的哄哩岸石、紅磚組合建材與內部的木製桁架。

來自台北城的磚石外牆

哄哩岸石來自舊台北城牆拆卸後的石塊，也是保存面積最大的一處。使用石製建材，是為了防火、防蟲與隔熱，如此有助於鴉片的保存。從外觀看不到有紅磚的痕跡，為此，臺博館為了瞭解石牆內部層次，特地鑿開穿牆洞，讓大家清楚看到這堵厚達六十五公分的外牆，其實是紮實的磚石結構。

木製桁架承接屋頂之重

內部的木製桁架以精算的力學交叉錯置，完整地承接了屋頂的重量。臺博館特地拆掉天花板，讓木架結構完整呈現在參觀者的眼前，也讓人驚嘆工匠們的技法和巧手。

南門園區的珍貴，在於歷史建物所要展現的設計美感與時代故事。沿著台車軌道慢步，享受清風吹拂，即使冰冷的紅磚或硬石也帶有和煦的溫度。

建築導覽達人：臺灣博物館說明員陳信鈞

非歷史科班出身，因為對古蹟與歷史建築有濃厚興趣，而加入臺灣博物館說明員行列，目前是臺博館本館、土銀展示館、南門及鐵道部園區的資深導覽員。

辰野金吾

日本近代建築師，最具代表的建築語彙為紅磚與灰白色系飾帶，此種設計手法也被稱為「辰野式」，旗下有眾多子弟於日治時期赴台，並留下類似建築作品。除了南門園區之外，總統府與西門紅樓也採用相同手法。

TR紅磚

由台灣煉瓦株式會社所生產的紅磚，在日治時期被大量使用，在RC建材尚未普及且昂貴的年代，是主要的蓋屋基石，經千度以上高溫燒製，是屬於一等建材的優質磚塊。

紅樓古蹟修復主題牆

位在紅樓大門入口處右側，臺博館將園區內所有拆卸下來的舊木材匯集成古蹟牆，再綴以落水頭、百葉窗、陶製開關盒，營造時光牆面的氛圍感。

四百石水池

這處被改建為園區噴水池的地方，是工場的貯水槽，一方面能收集製作樟腦所產生的廢水，一方面也能供消防使用。水池深約五層樓，為了安全，特地在上層架設鐵網並鋪上卵石，展現景觀水塘的美麗意境。

INFO

地址：台北市中正區南昌路一段1號
電話：（02）2397-3666
營時：戶外／06:00～22:00。紅樓及小白宮／09:30～17:00，週一休
門票：20元

和風 台北市

新富町文化市場

市場復興，改寫老城故事

二〇〇六年被列為市定古蹟，
台北新富市場走過八十三個年頭，
以新富町文化市場重新站上舞台。
以往的攤台換成藝文展場、咖啡館與料理；
管理者倒也沒忘記庶民採買的生活軌跡，
帶領大家走入日治時期的傳統市場，
與新富町的舊時光連結，
開啟復興大門，
一睹前衛新穎的建築風格。

日治時期的建設涵蓋生活衣食住行，其中也包括常民生活中不可或缺的市場空間，這些都是建築師們發揮創意的舞台。史料上幾處知名的台灣公有市場，包括一九〇五年的台南西市場、一九〇八年的台北西市場等，也因為時代演進，而拆除或改作他用。如今，台南西市場漂亮的馬薩式屋頂，只能在黑白寫真圖中回憶憑弔；而台北西市場、就是現今西門町的紅樓，也在時光之流中褪去公有市場的角色。

現代化的公衛設計場所

二〇一七年三月，由台北市場處修復的新富市場，在忠泰建築文化藝術基金會接手改造後，以新富町文化市場U-mkt重新出發，至此，台灣人總算見到日治時期公有市場的原型，也是台北唯一僅存的設攤空間。

市場完成於一九三五年六月二十八日，前身為綠町食料品小賣市場，當時為瞭解決綠町位置偏遠與經營不善的問題，便在新富町三丁目二十一番地敲定新址改建，命名為「新富町食料品小賣市場」。

除了主建築之外，周邊設有事務所、管理員宿舍、腳踏車停車場與公廁，館內則規劃肉品、蔬菜、雜貨、菸酒等超過三十個攤位；設備新穎現代化，就連排水等公共衛生問題也一併解決，是相當現代化的公衛設計場所，目前僅保留修復主棟與日式事務所。

馬蹄形建築體新穎特出

日治後期，現代折衷主義興起，讓小賣市場的建築風格跳脫了和洋或傳統日式的設計手法。主棟馬蹄形的空間在當時顯得前衛新穎，中央天井也是馬蹄形設計，極具創意。大面積的洗石子外牆讓市場展現簡潔俐落的線條；特殊的圓弧構造，是為了讓內部空間有更好的採光與通風，因此不管內外都有大量的開窗。

新富市場興建時基地約五〇六坪、建物約一九九坪，出入口設有三處，分別是位於三水街北端與西側的小門，門庭簡約俐落，均設有雨庇；雨庇上有開窗，北側大門的水泥外牆還留有「北」字logo。整棟建築使用磚造建材搭配鋼筋混凝土梁支撐，平式屋頂以混凝土澆製，可見當時RC建材的盛行。現代主義語彙不求繁複，只在重點裝飾，此處在外牆的腰部與門柱的水平線點綴；洗石子工法則讓砂粒立體突出，展現清冽風格。

可逆式設計規劃空間

內部場域屬於開放式作法，包圍著中央天井呈環狀展延開來，設有兩道小門可通往天井。攤位設置內外兩側均有，中間有兩扇軌道大門隔開生鮮與肉攤區；屋頂稍帶斜度，可讓雨水順利排到天井的管線。

基於古蹟維護的原因，現代化水電網路得在建築外尋個出口。忠泰基金會在南側位置新起了場地，連同舊空間再規劃，由林友寒建築師操刀，內部裝潢採可逆式概念施作，每一堵牆體或桌椅都能活動拆卸，完全不影響古蹟原有的風貌；而主機與衛廁則設在南端，以清水模表現手法新增半月形新樓（即為B棟），符合更多需求。

庶民市集場域玩嶄新活動

忠泰基金會進駐新富町擁有九年的營運管理權，期望以「飲食教育」、「文化推廣」和「區域再生」等主題使其煥發新風采，特別在空間規劃上設置餐桌學堂、教室、展演空間與複合式餐飲空間等多元型式呈現。

餐飲空間明日咖啡館設置在主棟內，原木色調與灰白水泥建材營造的輕潤感，散發舒適自在的氛圍；原本的事務所，也因老字號糕餅鋪「合興八十八亭」加入，而增添了點傳統風。與市場體驗

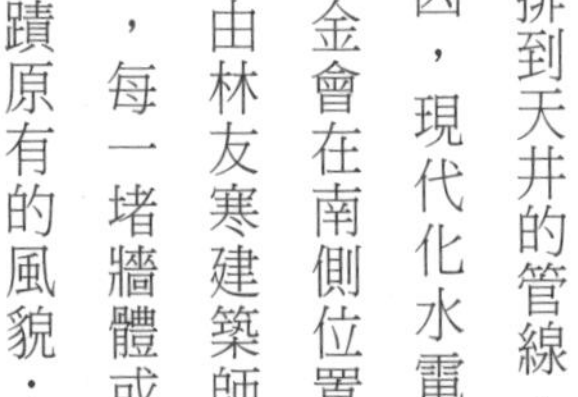

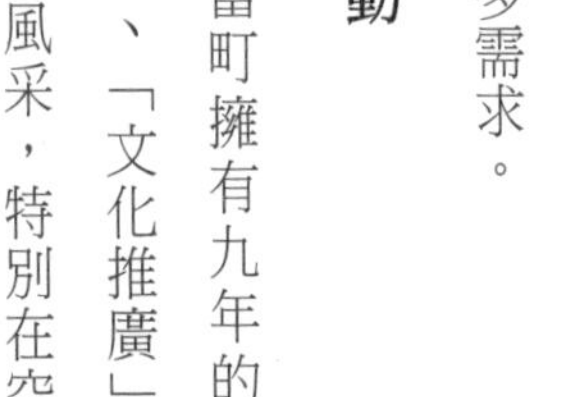

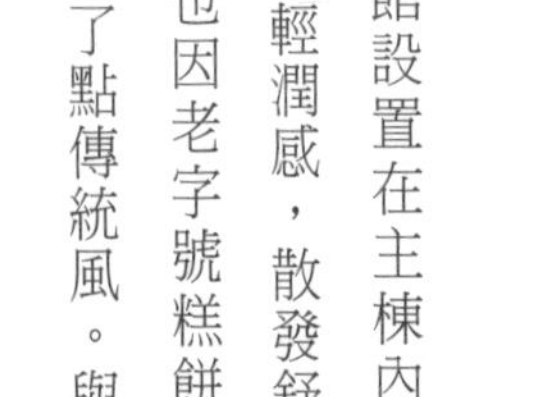

有關的活動，包括餐桌學堂與巷仔內教室，藉由走訪傳統市場與知名老店合作，讓參與者學習手路菜，或在逐攤拜訪的過程中，解讀好食物與好生活的依存關係。

此處還提供空間共享，讓個人工作室進駐，且不定期安排藝文特展，讓庶民市集在現代風格場域重現。

古董攤位

特別保存的老市場古董菜攤，在現代化空間中散發古樸樣貌。早期的攤位區分肉品與蔬菜，為求穩固，均以水泥建材打造，攤位上的框架則是原木材料。

洗石子與抿石子

洗石子與抿石子是泥作常用的工法，多施用於外牆。兩者施作步驟差不多，皆以小石子混合水泥砂漿攪拌後抹牆，差別在於最後的沖洗方式，前者是以高壓水柱沖洗泥漿，石材顆粒較明顯，後者僅用海綿擦掉表面水泥，觸感較為平滑。

INFO

地址：台北市萬華區三水街70號
電話：（02）2308-1092
營時：10:00～18:00，週一休
網址：umkt.jutfoundation.org.tw

迪化街老屋散策

沐浴在百年商圈的歷史光暈中

台北城的發展，迪化街占有重要地位。這個發展於清代，在日治時期商業蓬勃的街廓，不僅書寫了經貿發展史，在建築扉頁中也相對精采。

迪化街名取自新疆省會迪化市，此之前稱為永樂町，當地耆老慣稱南、北、中北街，泛指迪化街一、二段的區域；現今的商鋪則以民生西路為中線，北側稱北街，南側稱南街。

老街的商業型態從販賣稻米、中藥，到後來大放異彩的茶葉與紡織，許多人因此致富，也讓街道兩旁的商業建築繽紛多彩。街道寬度保持原有的七・八公尺寬，大致可歸納出閩南、巴洛克與現代主義式樣。樂山文教基金會與台大城鄉所在一九八八年發起保護老街屋活動，至此超過七十棟建築被完整保留，讓人們有幸得以欣賞歷經三個時代的美學設計。

欣賞老建築可從霞海城隍廟開始，左右依序欣賞現代主義風格的屈臣氏大藥房；有華麗巴洛克山牆、科林斯式柱的和億蔘茸行、顏義成商行與勛章裝飾，以及柱頭為毛茛葉泥塑的和隆行等等，其使用建材包括紅磚、洗石子，是商家們展現經濟實力的另一區舞台。

這些老屋除了原有產業外，多數在整修後作為藝文或餐館經營，其中不乏文創風格濃厚的店家，比較知名的有民藝埕、小藝埕、福來許、永興農具工廠、富自山中雜貨鋪，是走訪老街時值得遊賞的地點。

迪化二〇七博物館——重溫五〇、六〇年代建築風情

建於一九六二年，前身為廣和堂藥鋪，二〇〇九年列為歷史建築，由創辦人陳國慈女士以私人名義購入，並規劃成主題博物館在二〇一七年無償開放。建築物是一棟三層樓高的邊間屋宅，外牆以磁磚貼覆，有別於迪化老街一整排的洋樓、巴洛克風情，呈現的是大家熟悉的五〇、六〇年代建築風情。

陳國慈女士祖籍香港，對於老房子有一份濃烈的感情，曾經認養維護台北故事館與撫台街洋樓，深信老房子本身就能訴說故事。二〇七博物館以原狀修復，保留了初建時的語彙，包括一樓地面「老山高麗蔘」字樣的彩色磨石子地板，以及二樓邊角的弧形開窗。博物館不定期規劃相關特展，開幕時期特別以磨石子建材為題，設計首檔特展「無所不在藝的藝術——台灣磨石子特展」，後續也推出「你的風景．我家門窗」特展，讓人們重回百年工匠巧手打造各式門窗的懷舊時光。

INFO

地址：台北市大同區迪化街一段207號
電話：（02）2557-3680
營時：週一到五 10:00～17:00，週六、日 10:00～17:30，週二休
網址：www.museum207.org

十連棟——幽深長廊與紅磚拱圈

位於迪化街人潮較少的北街路段，此處鄰近台北橋，日治時期多為碾米工廠進駐，十連棟就是由當時的六大商家所興建，包括五間碾米廠與一間縫衣線工廠。

迪化街的連棟屋子最早只是一層樓的土角厝，一九一二年在街市改造條例下，重新改建為二層樓磚造格局。除了幽長的拱圈廊道是特色以外，每棟房屋的立面也各有風情。

十連棟原本是住辦混合的空間，每間都是長達八十公尺的屋宅，從大門依序是商鋪、住家與工廠。工廠緊鄰淡水河道，各家碾米廠從河邊收米後，送進工廠製作，再於前面的商鋪販售；而今保留的騎樓立面，便是原本店鋪的空間。

古蹟的保留得歸功於後方大樓的所有屋主，人們蓋屋並沒有選擇全部拆掉老屋，反而珍惜古宅舊有的風韻，讓人一睹漂亮的連棟紅磚設計。

INFO

綻堂
地址：北市大同區迪化街一段348號
電話：（02）2557-8696
營時：10:00～18:00，週一休

永興農具工廠——九十載農具用品店

迪化街有老建築，也能尋訪老店鋪。這間老店位在越過涼州街的北街區段，店鋪本身已經改成水泥樓房，隔幾步路是連棟紅磚與水泥老屋。

農具店最早以販賣務農所需的鐵鍬頭、鏟子、鐮刀、菜刀等，隨著耕田者少，農具使用下降，永興也加入文創行列，賣起鑄鐵鍋、炒菜鍋與木作小商品，另有不少南洋味濃厚的竹編菜罩、水瓢等，是遊逛迪化街時能好好採購家用餐具的地方。

INFO

地址：台北市大同區迪化街一段288號
電話：0972-220-387
營時：08:30～18:00

富自山中——
南北貨行也走文青風

迪化街除了中藥以外，一直是南北貨的大本營，霞海城隍廟旁有不少知名老店都值得造訪；不過，要論文青氣息濃厚程度，二年前由第二代接手改造的「富自山中」，是讓人驚喜的新據點。

富自山中由經營超過三十年的富山行改建，原本普通的門面，在加入台北市政府的老店換新裝改造計畫後脫胎換骨，柔和的光源、木質地板與麻布袋、木箱盛裝的產品，營造出有如和風雜貨鋪的味道，吸引許多年輕族群上門光顧。

店裡的商品琳瑯滿目，都是老店向長年合作的廠家批貨，有新鮮可口的果乾、健康的穀物、開心果、果醬等，來自台灣本島與世界各地，是豐富生活品味的選購站。

INFO
地址：台北市大同區迪化街一段 220 號
電話：（02）2557-8605
營時：09:00 ～ 20:30，週日休
網址：www.facebook.com/FullMountain

陳天來故居——茶葉大亨的巴洛克情懷

迪化街及其周邊巷弄有不少名人故居，其中就屬位在貴德街上的陳天來故居最為華麗漂亮。此處為茶葉大亨陳天來開設的錦記茶行地點，興建於一九二三年，為一棟中西風格兼具的仿巴洛克式樣三層洋樓，一樓作為營業場所，二樓是招待所，三樓為住家。

建築使用不少西式語彙，正門立面由中央與左右兩處衛塔組成。中央可見希臘立柱與大拱廊，側邊牆壁也可見泥塑花紋與木框拱窗，每一處細節都值得推敲品味。

故居雖在二〇〇九年列為台北市定古蹟，但目前仍屬私人產權，加上仍有後代子嗣居住其中，無法進入參觀，且年久失修已逐漸步入頹敗，讓昔日豪宅蒙上煙塵，期待日後整修重回風光時代。

INFO / 地址：台北市大同區貴德街 73 號

千秋街店屋——竹節狀排水管獨有

貴德街在日治時期屬於建昌街、千秋街範圍，早期是繁盛的茶葉交易與加工地，設有不少茶工廠與茶商，因此也興建多棟鋪面。目前保存較為完善的街屋在李春生教堂對面的五十一、五十三號紅磚連棟建築，是當地的店屋代表。

千秋街店屋在二〇〇五年列為市定古蹟，這處建築採洋樓式設計，為二層樓格局。一樓設有騎樓，抬高約五十公分的地基，是為了防止淡水河氾濫的預防措施；二樓為清水紅磚外牆，設有長方格窗，為平式屋頂。老屋最特殊的建築手法在於竹節形狀的排水管，工匠使用水泥建材打造，竹節造型立體挺直，是罕見的創意概念。五十一號本為南興茶行使用，也曾作為林獻堂與蔣渭水舉辦港町文化講座的場所；五十三號是陳天來所興建，後由莊協發商行接手，目前為私人空間。

INFO ／ 地址：台北市大同區貴德街 51、53 號

星巴克保安門市——古蹟裡飄咖啡香

昔日大稻埕的繁華，總能在一棟棟瑰麗的建築物上發現。前身為鳳梨大王葉金塗古宅的仿巴洛克建築，如今已是星巴克保安門市據點，交錯著古蹟與咖啡香的迷人氛圍。

葉金塗古宅建於一九二六至一九二九年，為一棟三層樓格局的洋式建築，西方建築語彙中常見的拱圈、希臘立柱、牛腿柱、拱心石與勛章、彩帶等都在此呈現，遠望可感受奢華氣派，近觀能就細節處感受匠師精湛的工法。

代表葉家商號「金泰亨商行」的「泰」字商標，正顯眼地嵌在三樓頂立面，左右以鳳梨雕塑相襯，昭告世人富商藉由鳳梨罐頭發達的故事。咖啡館位於一至三樓，面積約百來坪，內部設計以現代經典手法裝潢，復古燈飾與老建築的彩色掛畫，展現古今巧妙相融之美。

INFO

地址：台北市大同區保安街 11 號
電話：（02）2557-8493
營時：07:00 ～ 22:30

新北市

淡水一滴水紀念館

來自日本的百年木造民居

基於感同身受的心理，
長年受地震之苦的日本朋友，
在台灣歷經九二一大地震之後，
捐贈這棟挺過多次地動的百年古居給台灣，
以示支持與撫慰。
房屋建於一九一五年，
由知名作家水上勉父親水上覺治設計，
百年前的工法、六百多根梁柱，
以及超過二十種榫接方式……
帶領遊人欣賞傳統日式屋的建造之美。

房屋的建造總會因地制宜，日治時期興建的傳統房舍均會配合台灣氣候或地勢，很難得見到原汁原味於日本當地打造的老屋。淡水一滴水紀念館在天時地利人和的諸多條件下，於二〇〇四年從原建地福井縣大飯町社區拆解後啟程前往台灣，並於二〇〇九年十二月重組完工，讓台灣的朋友不必飄洋過海，就能欣賞百年民居的建築之美。

百年老屋飄洋過海

老屋的主人為大飯町的居民木村先生。當初這棟建築因為坐落在公園預定地

上，而面臨拆除的命運。早期優質的建材與紮實工法讓房子依舊堅固穩當，屋主不忍見其消失，原本預計捐給身受震災之苦的御藏社區居民，恰好社區志工田中保三有意協助台灣九二一的震災後續，於是慨然轉捐出整棟屋舍，寓意家園重生，讓中日情誼更加穩固。

尊崇傳統工法步驟重建

紀念館從載運到重組曠日耗時，動用了一千三百名志工，重建過程也按照古法步步謹慎。館內資深解說員指出，以最基本的竹編夾泥牆為例，第一層釀土製造工序嚴謹，通常得花上兩個月的時間養土。台灣的組建團隊也不馬虎，把釀土的材質如細沙、黏土、稻稈等材料混合後發酵兩個月才敢使用，以示對傳統工法的尊重。

二〇一一年紀念館正式對外開放參觀，遊客們能在日本民居中感受百年前的生活氛圍，各個居間也依照不同主題規劃文物陳列。原本的廚房區域，現在作為紀念館建立的大事記年表，也陳列數種不同木造榫接工法的模板；後方的區域是屋主增建的書房與風呂空間，如今是小說家水上勉與陳舜臣文庫的陳列室。

四方形地爐，炊事場別具一格

民居屬於狹長縱深的格局，出入口設在長邊，可同時抵達堂屋與炊事場（廚房）。屋頂的設計有三種，包含了越屋根、切妻屋根與寄棟屋根；一般越屋根作為房屋的採光、通風之用，此處還因為屋主有養蠶製絲的作用而設。

內部格局包括有玄關、座敷、茶之間（餐廳）、應接室、炊事場等等。玄關右

側是炊事場，正面依序是應接室與座敷，兩處以不透光的活動木板門隔開，原貌展現傳統老屋的生活起居動線。不同於茶之間的榻榻米鋪設，這棟民居的用餐區仿造日本北方原住民阿伊努族的居爐裏（地面圍爐）風格。

民居中央規劃一個四方形地爐，以炭生火，在此可炊煮、烤物及取暖；地爐上方有閣樓，連接太子樓通氣窗。閣樓曾作為主人養蠶之用，地爐的熱氣為蠶隻保溫，也有使空間乾燥並防止木柱受白蟻咬蝕的作用。

造屋第一柱為父親之柱

木結構是此間最珍貴的特色。全屋使用超過六百根梁柱架設，包括一根主梁大黑柱，日本也稱為「父親柱」，是第一根架起的木材；觀察其細部工法，可以發現這也是銜接屋內最多橫梁數目的大柱。

木造房屋很注重選木的師傅，棟札上會標示「木挽棟梁」（師傅名字），代表其地位之重要。館內展示了屋梁的結構，可看到數根並不筆直方整的木梁，即意味整根原木未經刨削，展現天然木材的優美線條。

紅布與草鞋

由紅布包裹的建屋棟札外，又綁繫上一雙草鞋；草鞋的夾腳處剪斷已不能穿，代表這間老屋將在此常駐，不再遷移。

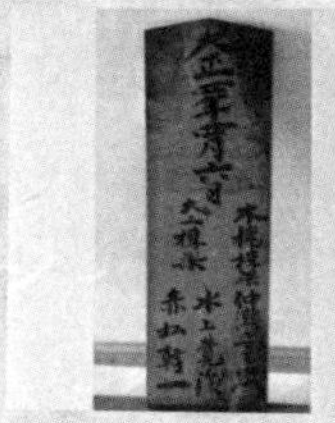

老屋棟札

棟札如同房屋建造的身分證，除了標示建造年分與營造公司外，也會註明設計者、主要工匠與選木師傅們的名諱。一滴水紀念館棟札上可見興築年分為大正四年四月六日，大工棟梁為赤松、水上覺治，木挽棟梁為仲瀨先生。

地基墊石

串連房屋立柱與地基之間的石圓盤，此地共使用了四十七座，厚達六公分，具有防震的作用。

INFO

地址：新北市淡水區中正路一段6巷30號
電話：（02）2626-3350
營時：09:00～17:00，週一及國定假日後一天休
專人導覽：10:00、14:00

黃金博物園區

尋歷史遺跡，探金瓜石採礦風華

金瓜石早年因為黃金產量豐富，日治時期便有商社來此進行採礦作業，當時標到採礦權者為田中長兵衛（田中組），他引入先進的機器取代當地的人力淘金沙作法，鑿出許多脈礦坑道，讓黃金產量大增；而後，於一九〇五年發現硫砷銅礦，成為台灣重要的貴金屬煉製區，有「亞洲第一貴金屬礦山」的美譽。

因應採礦而設的屋宅陸續興建，採礦會社也在多年間輾轉，歷經田中鑛山株式會社、金瓜石鑛山株式會社、日本鑛業株式會社，時間在一八九六到一九三三年之間，包括煉製廠、會社辦公室、所長、職員宿舍、神社等，集中在現今的黃金博物園區內，其中亦有台金公司接手後建造的館舍。從大門進入，可依序遊覽四連棟、煉金樓、太子賓館、黃金館與神社等景點，是一條充滿歷史人文與採礦遺址風情的旅遊路線。

INFO

地址：新北市瑞芳區金瓜石金光路8號　電話：（02）2496-2800
營時：週一到五09:30～17:00，週六到日09:30～18:00，每月第一週一休
定時導覽：平日10:00、14:00、15:00，假日10:00、11:00、14:00、15:00
費用：入園門票80元　網址：www.gep.ntpc.gov.tw

四連棟——高等職員宿舍

此處推估為日本鑛業株式會社在一九三〇年代所興建，主要安置在會社任職的日籍員工與眷屬，後來也曾一度作為台金公司的員工宿舍。四連棟可容納四戶人家居住，格局雖小，但設備齊全，包括小庭院、玄關、客廳、起居室、廚房、浴室、廁所一應俱全，配備等同於官舍階級中的高等職員規格。

屋頂屬於寄棟造，為全木構建築，修復時，以新舊建材搭配重現原貌。四戶的格局大同小異，玄關進入是座敷與床之間，左右位置依照居宅規劃而不同，此地的床柱採用整根原木打造，上頭還可看到樹節痕跡，這在一般官舍相當少見，多半都是四方形木柱。

另外，在欄間的設計上也有較多變化，菱形框內有竹枝交錯，散發古典韻味。

原始格局是四戶隔開，為了參觀方便，園方打通緣側區域的牆壁，以利遊客穿梭往來。目前以四連棟前世今生、昭和家居生活剪影、戰後金瓜石食衣住行三個主題展示。文物的擺設也有許多故事可訴說，譬如有一台架高的收音機，是防止孩童碰撞而想的妙思，可見戰後物資的珍貴，這些細節只要掃描QRCODE都能聽到。

INFO

營時：週一到五09:30～17:00，週六到日09:30～18:00，每月第一週一休
其他：為保護古蹟控制參觀人數，須依序排隊進入

煉金樓——展示昔日煉金風華

此處在日治時期曾是第三煉製所的區域，煉金樓所在位置在當年曾作為存放黃金的地方，台金公司接手後，也曾改為煉金工廠。建築設計趨近簡約的現代主義式樣，比較特殊的建材為外牆的磁磚，這裡被覆的磁磚是十三溝面磚，盛行於一九二〇年代。

正中建築為二層樓格局，曾是國民黨黨部安全室。重修之後的煉金樓作為展示館，一樓為特展室與煉金遺址區；遺址區以圖文解說標明原本的煉金平台、煉金爐與廢水池位置，一旁還有窄軌軌道作為礦車行駛之用。

黃金館——
可看可摸九九九純金磚

前身為台金公司的採礦辦公室，而後整修作為展示陳列館，建築以現代化的鋼骨結構設計，在洋溢和風的博物園區內相當顯眼；附近還打造了一區銅沉澱池設施。

展示館為一棟二層樓建築，一樓以金瓜石的採礦故事為主題規劃，豐富的圖文介紹能瞭解金瓜石與九份地區的發展；此區以剖面立體模型模擬礦工們在坑道內的工作情況，以及礦工們日常使用的器物與衣著。

二樓主要展示黃金相關的主題，包括陳列工藝家們創作的黃金藝術品。當然，此區最熱門的角落莫過於擺放著金磚的陳列櫃了。這塊金磚重達二二〇公斤，由九九九純金打造；陳列櫃上不斷跳動的數字是國際金價，輾轉在二、三億上下，看得人心花怒放，雖然抬不走，還是可以伸手觸摸，感受一下純金的魅力。館內三樓是淘金體驗區，讓遊客感受淘金沙的過程，每人還能帶回一小瓶金沙作紀念。

INFO

營時：淘金沙體驗場次週一到日 10:30、11:30 、13:30、14:30、15:30
費用：100元

太子賓館——日本東宮赴台巡視之行館

裕仁皇太子於一九二三年四月曾到台灣巡視，田中鑛山株式會社為招待皇太子入住，特別興建這棟行館；裕仁後來雖未入住，但此處也招待過多位皇族成員。行館在設計上處處精美、極盡要求，均按照日本豪宅的規模興建。總面積約三六〇坪，屋舍部分約有一四〇多坪，屋頂部分使用多達七種瓦片被覆，在玄關入口處的窗花，以日本富士山描繪雕刻綴以雲彩裝飾，整個建築體使用雁行配置，錯開各個空間的位置，可完整納入周遭庭院景致。

格局上，玄關左側為應接室、右側為客室，可賞景的空間均為客室的設備，約有四間客室，同時也是太子書房、臥室空間；太子臥室位於客室二，可與其他兩間客室打通做大廣間使用。在書房與貴賓室的床之柱使用上好的原木建材；前者使用黑檀木，後者使用櫻花木，均是居住者的尊貴表徵。

其他尚有娛樂室、風呂、廚房等場景；比較特殊的是，在戶外區域也設計高爾夫球場與射箭場，由此可一窺當時追逐西方休閒文化的風氣，這也是太子賓館在二〇〇七年被列為市定古蹟的原因之一。

黃金神社——山腰上的遺址

由田中長兵衛下令興建的礦區神社，也稱為金瓜石神社或金瓜石山神社，根據介紹碑文說明，神社建立於明治三十一年（一八九八），主祀大國主命、金山彥命、猿田彥命三神祇；最初設址於本山大金瓜岩嶂的東側平地，後因人口逐漸聚居，便將神社移到現址。

從平地沿著蜿蜒山道而上，沿途包括有三座鳥居、五對旗幟座、手水舍與拜殿、本殿等，其中拜殿、本殿最初為入母屋造與切妻造樣式，一九三七年擴建後改為神明造，此種樣式可於台大圖書館所保存的神社黑白寫真看到，彼時正逢祭典舉辦、旗幡飄揚。戰後台灣神社建築均遭到破壞，金瓜石神社的木造結構也毀壞殆盡，僅留下拜殿地基與本殿之石柱與參道上的兩座鳥居。

神社位在園區最裡處，有步道連接古參道往上。登到拜殿處約需二十分鐘，沿途景色清朗，可欣賞群山海景，最美季節在秋芒翻飛之時，似白雪搖曳的山道獨立一座鳥居，空靈又蕭瑟，如化外仙境，令人著迷。

本山五坑——身歷其境的採礦坑道體驗

採礦的艱困人人知曉，但沒有實際在那幽暗的坑道內施作過，總不能感受其中的萬分之一。館方為了讓遊客深度瞭解早年礦工們的作業情況，特別在舊有的本山五坑旁開鑿一條新的坑道，請專業的師傅依原樣打造一條長約二百公尺的隧道，使用的桁架、枝條與架設工法都是按照標準搭建；新坑道會與舊坑道串連，讓遊客更有身歷其境之感。

坑道長年保持在攝氏十八度，走起來非常舒適；地面鋪有便於行走的鋼板，進入之前會先看一段五分鐘的影片，瞭解本山五坑的特色與注意事項。

由於是實地打鑿出來的山洞隧道，為求安全，得戴上安全帽。坑道沿途安置了不少礦工蠟像演示工作的情形，包括爆破、鑽孔、採集等等，還有基台廢棄的台車設備。蠟像栩栩如生，甚至透過播音設備傳來老礦工們的對話，場景極為逼真，是一趟很值得體驗的遊程。

INFO 費用：本山五坑坑道體驗50元

桃園市

桃園神社

全台僅存建築格局最完整的神社

光復後的去日本化政策，
讓台灣不少神社建築幾乎消失殆盡，
桃園神社是目前保存最為完整的一處，
從社務所看唐破風造型、
從拜殿看漂亮的板唐戶大門，
每一處都能展現日本神道廟宇建築之美，
再加上刻意保留的國軍匾額，
兩個時代的交接與過渡，
更能展現歷史建築置身於外的超然姿態。

和風濃厚的桃園神社，完成於日治後期昭和十三年（一九三八），就社格來看，從鄉社提升到縣社，地位並沒有台灣神社、台南神社或嘉義神社那般尊貴，在當時一街庄一神社的推動下，僅僅是二百多處神社的其中之一；也或許因為不在風口浪尖上，加上須顧慮其忠烈祠的角色，神社得以大部分保存至今，也讓台灣的後代子孫能藉由歷史建築，瞭解那個時期所發生的故事。

鳥居——引導參拜者進入神社

鳥居是進入神社的參道。桃園神社原本設有四座鳥居，最遠可達市中心，後來因為都市發展拆除了三座，僅存最靠近拜殿的一座。民國三十五年神社被新竹忠烈祠接管，後來桃園設縣，因此改由桃園忠烈祠管理。目前此區已隸屬於桃園忠烈祠暨神社文化園區範疇開放參觀，文化局也安排導覽人員為民眾介紹古蹟之美。

鳥居在神社當中具有指引的作用，也是神與人的界線，通常由兩根支柱與兩根橫梁構成。此處的鳥居

最原始的設計是有兩根橫梁的明神鳥居造；上層的笠木與島木在去日本化運動中去除，據說是為了彰顯雙十的國慶印象。

跟鳥居一樣有著指引功能的石燈籠，在此也保存不多。基座是日治時期的原物，燈籠主體則是在一九八六年修復時所加上。

社務所——唐破風設計精緻典雅

經過鳥居之後，便是齋館社務所與手水舍的領域，此處的齋館社務所雖無嘉義神社的宏偉，獨特的建築設計卻很值得欣賞。社務所屬於寄棟造樣式，使用水泥瓦被覆，入口屋頂使用唐破風格局，以銅片被覆，屋頂因氧化而呈現青綠色澤。所館空間分布有如民居，包括玄關、座敷、居間、風呂、炊事場等等相當齊備，蓋因社務所作為辦公管理空間之外，也是主祭者逢祭典前要齋戒沐浴的地方。

手水舍——潔淨心靈的前置場地

手水舍是參眾進入神社前淨手、滌淨心靈的場所。設計師使用切妻造屋頂，比較特別的是支撐亭子

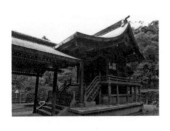

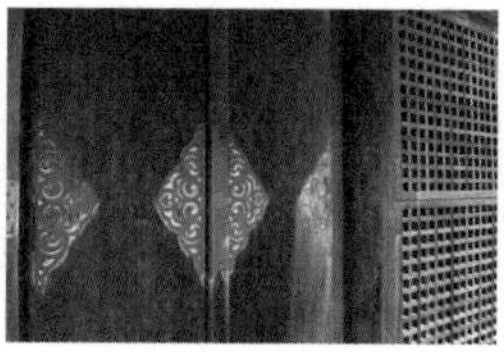

的四柱，為了更為穩當，柱子以八字型微微外開，在力學上屬於「助鋤」作用，可抵抗地震與風災；柱子底部均包覆有銅皮，可防止地面濕氣侵入木柱中——這樣的規劃可見於神社內的任一角落。

淨手有一定的步驟，拿起手水缽舀出約八分水量，依序清洗左手、右手後，再就手漱口，最後直立竹缽讓水流順柄而下，順便清洗手水缽才算完成。

中門——棧唐戶大門全檜木打造

淨手之後步上台階，在中門（神門）之前可看到一座銅馬與狛犬，兩者均為神獸，也是神社必有的設置。此處的銅馬精神昂揚，馬腹有一雕刻飾紋，根據考究屬於菊花包覆桔梗紋，與中壢神社神紋相似，兩者或許有關聯。神社的狛犬留有兩對，下層者接近台灣寺廟漢獅子，推估後來改動過，最原始的狛犬在中門之前，相關刻紋已經風化，僅能從嘴型與尾巴判定屬於神社特有的狛犬樣式。

中門屬於切妻造樣式，兩旁使用木製透屏圍起設下界線，有阻擋一切不潔穢物進入本殿之意。門扉採用棧唐戶風格設計，也就是所謂的格子門，與拜殿內的板唐戶（實木門）都是全檜木打造。桃園神社用了多達一千棵的檜木建造，當時要求嚴謹，全用主幹建材，彰顯對於神社建築的重視。

拜殿——入母屋造彰顯大器莊嚴

拜殿與中門之間的石板道就是參拜道，按理參拜者須由兩側進入，中間供神靈行走而不可踏犯；不過，現在則不對此多作要求了。神社的拜殿是整區最精緻漂亮的地方，屋頂採用線條優美的入母屋造設計，連同左右兩處的朵殿，都是用銅瓦被覆，相當精緻。

朵殿最初作為神樂殿與祭器庫使用，目前則是忠烈祠安置烈士牌位的供奉室。殿內天花板為格狀天井，相較於中國寺廟正殿的金碧輝煌，此處顯得沉靜低調許多。一般來說，參拜者並不能進入拜殿與更裡處的本殿，僅能在門口的賽錢箱投擲硬幣參拜，但基於文化推廣，作為歷史建築，桃園神社開放此區讓民眾參觀。

本殿——半步梯顯謙卑的姿態

本殿及拜殿只有神職人員可以進入，在建造格局上有一定的標準，包括本殿前階梯要高且窄，每一階不超過十七公分寬，僅容半步踩踏，也稱為半步梯，這是為了讓進入者以更謙卑的姿態面對神靈。

本殿面積不大，均位於神社的最高點。此處設計為切妻造屋頂，面開三間，有三面迴廊圍繞，簷下有一彎曲木梁為海老虹梁，是屋脊與屋簷之間的承重梁，因為形似蝦子（日語裡蝦子意為海老）而稱呼。

本殿主門平常不會開放，逢祭典才會打開。不同於台灣的神像文化，日本神社供奉天照大神，僅放置簡單的木牌，宗教精神著重在無形的神靈依附上，是另一種不同的信仰呈現，也是在參觀神社建築文化時值得尊重的地方。

一心六石駁崁

桃園神社的設計師與工匠均為日本人，只有最基層的勞力才是台灣人，但在園區內感受不到這些無名者所貢獻的力量，僅有在這處駁崁上能聽到些許故事。此處的大石，均是從南崁溪一塊塊運上來的，代表這群人辛勞的過程；而「一心六石」的作法，則是為了讓斜坡更為牢固。

參拜儀式

神社參拜有固定儀式，一般為二拜、兩拍手再一拜。首先將五日圓投入賽錢箱，深鞠躬二拜，左右手合掌，左手略高於右手（左手代表心靈，略高的角度能更接近神靈），擊掌兩下後與神明對話，結束後再齊手合掌，深鞠躬一拜即完成儀式。

INFO

地址：桃園市桃園區成功路三段200號
電話：（03）332-5215
營時：09:00～17:00
網址：www.tycg.gov.tw/confucius

桃園市

大溪老茶廠

山凹裡的優雅綠建築

山路蜿蜒，有滿眼翠綠陪伴，
日治時期興建的大溪老茶廠，
已在水流東的丘陵凹地矗立九十二年，
是三井合名株式會社在台的數座茶廠之一。
建築本體強調功能性，
主建材為磚造混合檜木屋架，
原型參考英國在印度大吉領的茶廠設計風格，
成為大溪地區外型典雅的廠區據點。

茶葉的經濟效益驚人，素有「黑金」稱號。日治時期各個商社看中台灣茶葉種植的無限潛力，紛紛落地插旗，其中包括三井合名株式會社。三井公司事業發展多元，有稻作、造林等，製茶是集中一項，一八九九年廣拓茶園面積；而為提升茶葉品質，甚至開辦多間茶廠，大溪老茶廠就是其中之一。

近百年老茶廠，台英日風格融匯

大溪茶廠舊名「角板山工場」，是當時採用新式機器製茶的廠區，占地一六七〇坪。工廠建築為一棟二層樓的長形格局，部分使用鋼筋結構建材支撐，屋頂被覆鐵皮，牆面用磚造、水泥砌築，相當堅固與現代化。設計師考量到空氣對流原理，四周牆面大開窗戶，使用方形藍框玻璃窗格，以中心點做軸，可一百八十度轉開，非常節省能源，堪稱是綠建築的代表。原始茶廠在一九五六年遭遇大火，是蔣介石總統下令工兵們重建，才有今日的樣貌。

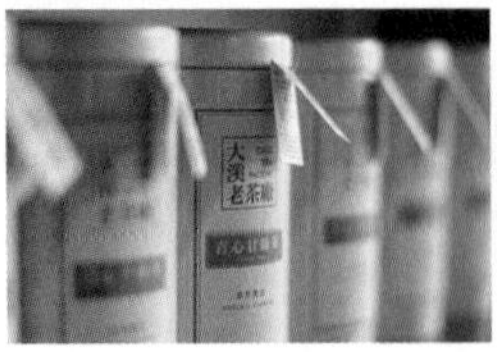

台灣農林公司副總經理劉玲珠將此地形容為台英日風格茶廠：「空間是仿造英國茶廠設計，屋頂木桁架有日本風，地板的磨石子與台灣工兵們重搭的結構，同時匯聚了三地特色，也是台灣少見。」

文物區和製茶區展示古董機器

台灣農林公司在二〇一〇年修繕了大溪茶廠，保留了茶廠的挑高空間、木造桁架與古老石牆等舊有元素，依照不同功能規劃了門市展售、文物區、茶書屋、製茶區與靜水池。其中，文物區和製茶區陳列古董機器與圖文照片，解塊機、乾燥機、包裝機，乃至於斑駁的金庫，都是見證茶廠歷史的珍寶。

二樓主要作為萎凋工作區，有不少設施值得慢慢參觀。穿透式天井把一樓乾燥機產生的熱風往上送，讓茶葉無須太多電器動能就可以進行萎凋；此間可看到數量頗多的檜木萎凋架，以及一九八〇年設置的萎凋槽。時至今日，這些器械都還在使用，為農林公司製作一袋袋品質精良的紅茶與各式發酵茶品。

茶文化豐富老建物靈魂

老房子之所以動人，在於自身的歷史光暈，但要保有這份韻味且持續受人認同，仍需要一些現代語彙。

大溪茶廠在古老的框架之內，注入新穎的室內設計元素，有訴說故事的文物，也有靜謐的文化角落，閱讀區、靜水池、茶書屋與靜水餐廳，均是細品老屋氛圍的地方。

大溪茶廠以茶為主，處處可見茶又不視茶，有其用心之處。茶書屋裡一面鋪砌七三七塊普洱茶磚的牆壁，散發香氣與文化底蘊，搭配精心料理的餐食，能佐一日悠閒味。

茶書屋裡的茶餐極具特色，像是：苦茶油拌麵線，嚴選包種茶及手工麵線，佐以台灣原生種茶油烹調，口感滑順滋潤；滷菇乾拌麵，精選角板山特產香菇滷製。點心品項推薦特製甘茶蛋，選用茶廠兩種特色紅茶混合月桂葉、桂皮製作滷汁熬煮，經過三日夜的浸泡，使其完全入味，值得品嘗。

英式傑克遜揉捻機

由英國人威廉傑克遜於一八七二年發明，為茶葉專用揉捻機，設有上下兩個銅製輪盤自動揉捻茶葉。大溪茶廠當年選購六架三十六吋的大型機器，取代人工揉捻過程，提升了製茶效率，是廠內的阿嬤級古董機，至今仍可正常運作。

檜木桁架

支撐茶廠二樓屋頂的檜木桁架，前後共有一五一根；設計者在考量力學結構下，以交錯縱橫的工法一一穿榫嫁接。因茶廠曾受祝融之災，此為光復後國民政府請工兵依原樣搭建，在光影的投射下，展現線條之美。

INFO

地址：桃園市大溪區復興路二段732巷80號
電話：（03）382-5089
營時：週一到五10:00～17:00，週六、日10:00～17:30。平日定時導覽：11:00、14:30，假日定時導覽：11:00、14:00、15:30
費用：門票100元，可抵消費，內用餐飲區每人低消200元
網址：www.daxitea.com/tw

大溪古蹟巡禮

浸淫百年老城人文時光

大溪因背倚復興林區，加上前有河道流經的地理優勢，自清代以來，一直能站上歷史耀眼的舞台；地名從大姑崁、大嵙崁到大溪，時光流轉三百年，總有蛛絲馬跡留存。例如清代的李騰方古宅，以及林本源家族帶起的米、鹽貿易，繼而因河運盛行而興起的茶葉、樟腦與木材集散活動。大溪和平、中山老街上漂亮的牌樓建築，也在日治時期的街道改建計畫，出現華麗繁複的巴洛克與洛可可式樣。

一九〇一年代，日本政府為桃園劃設行政區域，大溪隸屬桃園廳下轄的大嵙崁支廳，後改為大溪郡役所。當時官署與相關建築陸續興建，公會堂、郡役所、武德殿與附屬的宿舍等，這些歷史遺跡總括二十二棟建築，隨著桃園市文化局陸續修復，形成一處完整的文化園區。二〇〇七年「警察局日式宿舍群」、「大溪國小日式宿舍」等登錄為桃園市歷史建築，由此串連老街的街角博物館。於二〇一五年創立了全台獨有的無圍牆博物館——大溪木藝生態博物館，讓民眾們能按圖索驥，一一探訪百年前的舊城時光。

壹號館——
大溪公學校校長宿舍

此處為大溪木藝生態博物館園區第一間開放的文物展示館，建築物前身為大溪公學校校長宿舍，屬於日式傳統木造結構，約建於一九二〇年，採獨棟建築規劃，為寄棟造屋根，依照當時臺灣總督府官舍建築標準興建，包括有玄關、座敷與台所、便所等；窗戶設計較為特殊的部分位在玄關右側，以兩面直角邊延伸出去，讓視野更開闊。

館內作為靜態展示館陳列，安排不少互動式設備，遊客能透過按鈕觸控瞭解大溪古往今來的特色。此處在一九四五年作為大溪初中學校宿舍，大溪初級中學英文老師陳茂林一家曾在此入住，夫人陳王翠梧女士曾於此教授裁縫，並開設「溪光縫紉補習班」，因此也能看到不少當時使用的器具和照片，是許多大溪婦女的共同回憶。

INFO

地址：桃園市大溪區中正路68號
電話：(03) 388-8600
營時：週二到日09:30～17:00，週一休
網址：wem.tycg.gov.tw/index.jsp

大溪武德殿——洗石子仿木造雨淋板設計獨特

建於一九三五年，隸屬大溪郡役所，提供所內警官練習柔道和劍道之用。採用鋼筋混凝土建材，屋頂為入母屋造，大門設有入母破風式樣，與千鳥破風相當類似。外牆與窗戶欄杆處均以洗石子裝修；特別之處在於，外牆以洗石子模仿木造屋典型的雨淋板設計，台灣少見。屋頂以洋式大木桁架支撐，外覆青銅片；正脊兩端鬼瓦為鴟吻（或鴟尾，中國古代神獸之一）造型，也是台灣武德殿少見的設計。

武德殿於二〇〇四年列入桃園市歷史建築，目前是木藝生態博物館其中一館。館內原為榻榻米地板，現已改為鋼筋水泥造地板。建築旁有一附屬空間，為木造建築；中間以長形廊道串連，專門作為警官們練習或比賽柔、劍道後的休息場所。二〇一五年武德殿整修後重新開放，分期舉辦主題策展，展現武德殿建築空間精神。

INFO

地址：桃園市大溪區普濟路35號旁
電話：（03）388-8600
營時：週二到日09:30～17:00，週一休

四連棟——
日式警察宿舍

隸屬於大溪警察宿舍群，建於昭和時代一九三七到一九四〇年，在官舍標準中為丁種判任官舍，此種形式多為連棟、小面積的格局。當時的警察宿舍以四戶建或多戶較常見，每戶面積約落在十到十二坪之間，室內包括有玄關、居間、座敷、緣側、廚房、便所等應有盡有，可謂麻雀雖小、五臟俱全。

四連棟以木造、磚石建材打造，切妻造屋頂、外覆黑瓦，採邊竹夾泥牆搭配雨淋板設計，是標準和式屋。此處作為生態博物館的常設展館，為使參觀動線順暢，四間屋舍隔牆均已打通，以大溪的發展史作為主題，藉由立體模型、古蹟文物與影音、互動設備等，敘述「源自大漢溪」、「誰住在大溪」、「人文化城」、「產業協力」、「眾志成城」、「傳動大溪協力精神」及「大溪人說故事」等七大主題內容。

INFO

地址：桃園市大溪區普濟路21號
電話：(03) 388-8600
營時：週二到日09:30～17:00，週一休

工藝交流館——大溪警察分局長宿舍

大溪的老建築修復之後，各自被賦予新的使命，工藝交流館目前定位成工藝沙龍與品牌策展的功能。此處原為大溪郡役所警察課課長官舍及大溪警察分局長宿舍，約建於一九三七年，總面積約一七二坪，是園區內面積最大的獨棟宿舍，房屋採寄棟屋造設計，館內包括有玄關、座敷、居室等；其中，座敷設有床之間、床脇與付書院，床脇的違棚亦在修復後原貌呈現。

此處歷經多任警察首長進駐，可從細部看出其生活軌跡，例如廚房灶台以磁磚拼貼打造，應是光復後修整的手法，也代表一棟建築走過時間的印記。交流館不定期舉辦與漆器相關特展，並在戶外庭院安排一系列體驗活動，如「大溪說菜——野餐趣」，品嘗用天然漆便當盒盛裝的大溪在地美食。

INFO

地址：桃園市大溪區普濟路5號
電話：(03) 388-8600
營時：週二到日09:30～17:00，週一休

藝師館——郡役所警察單身宿舍

建於一九四一年，原為大溪郡役所警察宿舍。光復後，大溪設為蔣介石行館區，此處曾一度是其御用理髮師俞濟昌先生家族居所。宿舍屬於雙拼建築，採寄棟屋造，專門提供單身警察住宿。

館舍面積不大，僅規劃基本住宿空間，文化局在修復時還原不少當時的工法，包括保留一小塊編竹夾泥牆的剖面；在欄間上也以細竹交錯格狀窗景，古韻悠轉，是值得欣賞的細節。

藝師館的陳列品以大溪在地木藝師創作為主，舉凡神轎、神桌乃至於生活用品等，此處並介紹木藝職人從學徒到匠師的辛苦歷程。一整套具滄桑感的木作工具，清楚訴說大師們三年苦工、四年苦楚的艱辛歲月。

INFO

地址：桃園市大溪區普濟路52號
電話：(03) 388-8600
營時：週二到日09:30～17:00，週一休

和風

新竹市

辛志平校長故居

走進教育家的生活場景

臺灣總督府時期對於官舍建築有一定的標準，
期間歷經多次調整，
大正時期屬後期規格。
辛志平校長故居興建於大正十一年（一九二二），
屬於高等官舍第三級，
呈曲形（多邊）宿舍式樣，
展現和洋折衷風格，
設有應接室、座敷、次間、書齋等起居空間，
是台灣校長官舍中貼近原有樣貌的據點之一。

老屋迷人的風華，除了建築本身所散發的韻味，曾入住其間的人與其發生的故事，也能豐富房子本身的內涵。辛志平校長故居是新竹當地很具代表性的官舍，主要作為新竹中學校長居住使用，實際完成年代已不可考，推估應建於一九二二年，是高等官舍第三等級；此級等宿舍建物面積在四十到五十坪之間，基地面積約二〇〇坪，多為獨棟或獨棟雙拼格局。

入母屋造式樣與真壁工法砌牆

辛志平校長故居於二〇〇七年修復後，園區包含兩棟三級官舍，前棟是校長故居，目前作為展示館開放，後棟屬於雙拼設計，原本作為主任宿舍，現已設計成茶飲餐館營業。

辛志平是台灣光復後第一任新竹中學校長，強調通才教育，不從流升學主

義之風，與學子之間亦師亦友，因此故居中常有師生論學的身影。

故居屋頂採入母屋造式樣，以真壁（編竹夾泥牆）工法砌牆，外覆雨淋板，並在底端貼覆壓條以防雨水；天花板屋梁搭建採普及的小屋組工法，是日治時期老屋常見的規模。

和洋折衷設計與文人生活軌跡

故居的設計式樣屬和洋折衷手法，與傳統格局最大的不同在於多了應接室（客廳）與書齋（書房）。從玄關進入右側為應接室，左側是茶之間與書齋，座敷、次間與茶之間緊鄰，對外的廊道緣側則依附於座敷、次間一旁，台所（廚房）、風呂、便所與女中部屋（女傭房）均位在最左側，整棟建築空間寬敞，設備一應俱全。

文化局修復時並不對格局做太大的更動，均依辛校長入住時的起居動線一一展

示。在此能感受文人教育家的格調，每一間居室都有解說牌標示，遊客也可請駐點人員解說導覽。

屋內處處可見辛校長的生活軌跡，譬如應接室裡的撲克牌，展現辛校長與友人閒暇的互動時光；譬如一張手書的新竹中學校訓釋義，還有一幀幀黑白照片與新聞報導……點點滴滴重現這位教育家昔時的生活情境。

和風老屋裡的早午餐饗宴

與故居相鄰的雙拼建築曾因祝融而損壞，如今的樣貌是仿造原有格局重建，原本是副校長的居所，光復後作為主任級官員宿舍。

辛校長故居撤去拉門隔屏，少了封閉牆面的窒礙，每一間居室仍保有些許隱私。故居如今以藝文茶飲空間與講堂經營，巧妙融合復古北歐家具與日式風情，在此能品嘗精緻的早午餐饗宴與歐風糕餅點心。此外，這裡也不定期推出茶道體驗課，在二個鐘頭的短暫時光，於和風老屋進行一段茶與心靈的對話。

寄藥包

日治時期藥廠要推銷自家產的成藥，都會挨家挨戶給一份這樣的藥袋，三不五時有個頭疼腦熱，就從裡面取出藥品服用；業務員會每月結帳，消費者也可選擇不使用，是早年醫療院所不甚便利的權宜之計。

犬走

日式傳統房屋外圍都有一段不算寬的走道，此處稱為「犬走」，也可說是「貓道」，通常與屋簷同寬，可防止落雨時，雨水飛濺到雨淋板上。有些則會在一旁設置明溝（窄小的水溝），讓雨水分流，也有阻斷白蟻進入的功能。

INFO

地址：新竹市東區東門街32號
電話：（03）522-0351
營時：故居：10:00～12:30 13:30～17:30 週一休。
後棟茶飲空間：週二到五 10:00～18:00，週六、日 09:00～18:00
網址：www.facebook.com/AK.museum

李克承博士故居

這棟建築於日治後期約一九四三年興建，起造者為日本商人，主要作為招待會所使用。李克承博士及其家人於一九五〇年入住，直到一九八六年後收歸新竹市公所。李克承一九〇九年出生於新竹北門，於日本長崎醫科大學取得博士學位後回國服務，是新竹的第一位醫學博士。故居以會所形式興建，居間的範圍較小，廊下緣側部分較為寬敞，適合聚會安排。李博士居住期間的格局包含座敷、寢間、茶之間、炊事場等等，空間規劃一應俱全。修復後交由「舊是經典」管理，餐食以和風料理為主，招牌有焦糖烤鮭魚、蜂蜜味噌雞腿與酒醋綜合炒鮮菇等，另提供咖啡、茶飲與輕食點心，是一處古韻濃厚的用餐場所。

INFO

地址：新竹市勝利路199號
電話：（03）522-0352
營時：週二到日 10:00～18:00，週一休
網址：www.absolutklassik.com

和風 苗栗縣

山腳國小日式宿舍群

老建築重生，兒時回憶湧現

山腳國小前身為山腳公學校，
宿舍群作為教職員住宿建造，
現存四棟八戶，
分別為判任丙種與丁種標準，
推估興建於一九三七到一九四四年之間，
見證了山腳國小百年歷程，
已於二〇〇一年公告為歷史建築。
目前三棟提供國小與社區大學機構使用，
一棟由台灣蘭草學會規劃展示空間，
並於週末假日開放參觀。

歷史故事除了口述，也需要實體的佐證才顯得真切。每到假日，山腳國小日式宿舍群周邊總有團體及散客到此遊逛，而山腳社區發展協會也會派員到此解說——多半是當地的居民，也有山腳國小的校友；對他們來說，老建築的重生是兒時回憶再現，大家都樂意與人分享。

四棟八戶官舍伴隨田園風光

「唸書的時候校長就住這棟，房子前面是菜田，我常經過這裡進入宿舍送作業本。」協會理事長黃增楨指著宿舍群前排右側的丙一棟細細描述，那種田園書香的

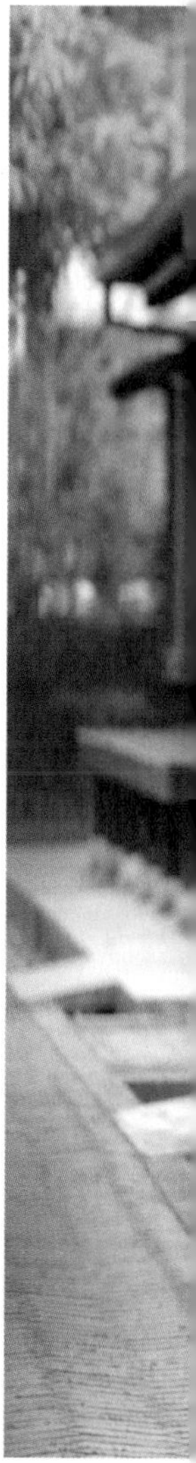

閒適感油然而生，令人嚮往。

山腳公學校成立於大正五年（一九一六），從此，子弟們不用再遠赴苑裡就讀。為了照顧教職員，當年學校周邊興建的宿舍群遠比目前的房舍多，而後因大地震且年久殘破，如今僅存四棟。

新舊屋瓦交錯，築起老屋風情

丙種宿舍左右兩棟被規範為丙一棟與丙二棟，皆採寄棟造樣式，外覆檜木雨淋板，前後均有出窗設計。至於兩棟屋瓦新舊如何分辨？放眼望去，丙一棟覆以水泥瓦，丙二棟覆以黑瓦；依年代來看，似乎是黑瓦較舊，然而答案卻相反。

「老屋當時均為水泥瓦片，多為殘破，不堪使用。修復時，撿拾較完整的全放置在丙一棟，丙二棟的黑瓦則是新燒製的建材。」從奔走保存古蹟到修復的歷程，黃增楨如數家珍，也希望大家能以輕鬆的方式欣賞日式建築之美。

丙丁種宿舍探彼時生活樣貌

丙棟格局大同小異，玄關大門均為推拉木門，空間配置有座敷、居間、茶之間、台所（廚房）與緣側；座敷設有床之間，床柱為圓形丸柱，原本床脇空間因應後來需求已改為押入（置物櫃）。這裡比較特別的是，便所部分已有蹲坐與便座兩種設施，戶外的排汙系統也很健全，可以看出當時的建築工法相當先進。

丁種宿舍位在後排二棟，分別為丁一棟與丁二棟；屋頂採切妻造樣式，推估在昭和十五到十九年之間興建；大門立於極左與極右側，空間配置較少，僅具有座敷與居間、床之間與台所格局，便所附設在建築後方的突出部分。

藺草學會展間呈現傳統工藝之美

宿舍群產權仍隸屬山腳國小，校方將丁棟與丙一棟規劃為學校音樂教室與社區大學活動使用空間，丙二棟提供給台灣藺草學會使用，也是目前可參觀的區域。台灣藺草學會成軍於二〇〇九年，為保存並維持苑裡特有的藺草編織工藝而設，學會成員多是手藝精湛的在地工藝師，他們突破了傳統藺草的編造式樣，不局限於創作草蓆、草帽等商品，而是多元延伸，開發出如口金包、書籤、平板護套等，甚至還包括伸展台上可穿的禮服。

學會工作場地在宿舍群附近的山腳慈護宮內，此處也是工藝師們的場地，一人一席座，細長的藺草在他們的巧手下正等待華麗變身。而位於丙二棟的空間是學會安排於例假日開放的陳列館，老屋、榻榻米與洋溢和風馨香的藺草作品非常契合，一盞藺草笠燈、一套藺草象棋具，都適合擺放在家中使用兼賞玩。館內規劃有藺編小鹿手作ＤＩＹ體驗，採最基本的編草法「壓一仔」，跟著老師左疊右壓，一隻可愛萌趣的小鹿仔便能帶回家。

解說員：
山腳社區發展協會理事長**黃增楨**

山腳國小校友與宿舍群資深解說員，身為在地人，有許多精采故事分享。黃理事長解說語調詼諧幽默，希望社區未來發展能結合藺草工藝發光發熱。

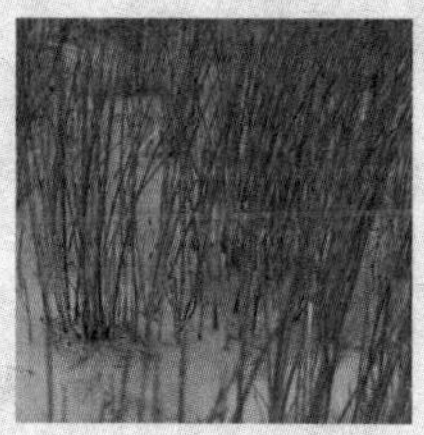

藺草

屬於三角藺，莖的形狀呈三角錐狀，編織之前須用細針將草分成三股，此為析草，接著再槌草、揉草、鋪草後，才能進行手工編織。

INFO

山腳國小
地址：苗栗縣苑裡鎮舊社里10鄰47號
電話：(037)745-024
網址：web.sj.mlc.edu.tw

台灣藺草學會
地址：苗栗縣苑裡鎮山腳里14鄰378號
電話：(037)744-252
營時：辦公室週一到五08:00～17:00，丙二棟開放週六、日08:00～17:00
費用：藺編小鹿手作DIY體驗80元（需時30分鐘）
網址：www.taiwanlin.org.tw

苗栗縣

新埔火車站

鐵道迷朝聖的建築美地

被鐵道迷暱稱為海線五寶車站之一，
興建於大正十一年（一九二二），
屬於和洋風格的半木構式建築，
Y字柱列、牛眼窗的西式風情，
可追溯那時的小站設計手法，
在欣賞之餘，
可與海線另外四寶：
大山、談文、日南、追分等車站一起串連，
規劃一條木造車站的文化旅行。

海風徐徐吹入杳無人煙的候車室，站在新埔車站面海的那一方，隱約可聞濤聲拍岸，與豔陽下的鐵道交織出一幅邊境般的蕭索感。平日的車站少有旅客，偶有戶外教學的孩童，拿著畫筆描繪老站姿態。經年累月，新埔站在不覺間已走了將近百年，沒有像追分、日南車站那般大張旗鼓投入修復工程，卻和大山、談文車站一樣依舊保留最初的樣貌。在鐵道迷眼裡，新埔車站是值得一再朝聖的文物瑰寶，即便老站斑駁凋零，卻真實地展現從日治時期以來不變的風貌。

海岸線鐵路造就老車站風華

日治時期日本政府對台灣的鐵道興建非常重視，其中包括在明治四十一年（一九〇八）完工的西部縱貫線鐵路。初始考慮到工程的難易度，並沒有在

海線架設的計畫，而後，因為山線鐵路運輸效益無法負荷增大的客貨運量，便於一九二二年再開通一條運行海線的鐵道，此為海岸線鐵路。鐵道從竹南到彰化共有九十一．七公里，在竹南與山線一分為二，於彰化再行交會，沿途經過十六座車站，現今僅保留五座木造車站，新埔站是最靠近海岸的一處。

日式屋頂搭配洋風壁面

海線五寶車站各有其同異之處，都採用和洋設計手法，屋頂造型均為切妻屋根，部分鋪設黑瓦或水泥瓦；新埔站便是以水泥瓦鋪設，在屋脊尾端以鬼瓦收編，不過在大棟處的鬼瓦已經消失，目前用粗陋的水泥塊砌補，站在天橋上可清楚看到。東側屋簷收短，從道路面正看像是屋頂被切了一半，這種樣式屬於半切妻作法，也是海線五寶的基本造型。

Y字形廊柱環列線條優美

Y字形廊柱環列是這些老車站另一個共通點，設計原型也是取自西方模式。新埔站的Y字柱在站門口以雙柱設計，柱頂裝飾了格狀圖形，是設計上的巧思，也為低調的設計添了點變化與風雅。車站體均以竹編夾泥牆砌築；牆外上半部以對角木條裝飾，帶有一點都鐸式風情，下半部用垂直木板修飾，都是值得細賞之處。

牛眼窗訴說西方建築語彙

新埔站並沒有大花經費維修，僅在結構上補強，部分牆面灰泥剝落，可以看到裡面的泥牆建材，也是古蹟獨有的風貌。東面的妻側牆面上開了老虎窗及兩扇四格窗戶，圓形虎窗因為像牛眼，所以也通稱「牛眼窗」，目前已經封起。壁面用雨淋板被覆，整體呈現洋式風格。

車站內部空間規劃為候車室、辦公室兩處區域。此站目前有站務人員服務，其他如大山、談文都已簡化成無人車站。候車室內依舊可看到傳統的長條木椅，地面是水泥材質，不甚平整的狀態與大家習慣的光滑大理石面相比，反而顯現時代感——如同斑駁的木門、購票台，老物件總用溫潤細緻的語彙，靜靜訴說那些值得珍惜的過往。

INFO

地址：苗栗縣通霄鎮新埔里8鄰57號
營時：火車時刻請參考台鐵網站 wtraffic.tra.gov.tw/twrail

台中市

文化部文化資產園區

老酒廠工業遺址百年風華

空間能成為時間的容器，
老廠區也能因為文創外裝重上歷史舞台。
設於一九一六年、
高齡一〇二歲的台中舊酒廠，
在文化部運作下，
成為文化資產生態基地，
諸多遺址如五連棟米酒倉庫、
包裝廠與鍋爐室，
走過長長的時間軌，
在此變身為吸收美學養分的最佳場域。

臺灣總督府於一九二二年將酒類列入專賣項目，島內多家民營酒廠歸為官營。其中，前身為大正製酒株式會社的台中舊酒廠官營後，陸續擴大廠區、增建設備，從原有的廠房到宿舍、大型木造倉庫及鍋爐室等，以釀製清酒、米酒為主；而釀酒過程所需的物料、儲存、動能與輸送等空間場區一一林立，就是現今文化部文化資產園區保留下來的工業遺址與歷史建築。

文資大道旁的建築風景

園區以「文資為體、文創為用」之精神設立，參觀可依藝術大道為主路線，左右林立多棟建築，其建材為磚造與鋼筋混凝土，前後左右共二十八棟建築，其中包括十六棟歷史建築。至於該如何區別歷史建築？文化部文化資產局科長楊宏祥給了個小祕訣：「園區內斜屋頂的，就是歷史建築。」

日治時期酒廠設計都有一定的脈絡，譬如位於火車站周邊、倉庫群林立，或因應大型儲酒槽的挑高空間等。台中舊酒廠也不例外，從大門口開始，管理室、辦公室，到釀酒流程所需的釀造、蒸煮、擷取酒精、分裝、包裝運輸等，都有其專門的廠房。

五連棟格局台灣少見

五連棟是對此建築的慣稱，園區命名為雅堂館，取自清代名人連雅堂先生。早年這裡是米酒倉庫與半成品儲酒槽，因此留有許多建築元素可賞。倉庫建於一九二五至一九二七年之間，著眼點在屋頂的桁架結構。前兩棟屬於雙木桁架，後三棟為鋼骨桁架，其中的差異在於當時正逢軍備缺乏之時期，須徵用鋼材，因此前兩棟未能使用鋼骨桁架，是有趣的歷史轉折。

建材是日治時期燒製的清水磚砌築，外牆以水泥被覆，其中有不少牆面呈粗粒質地，展現當時的工匠技法。「這種表現手法，可能是泥作師傅特別用布沾粘在水泥面營造質感，猶如魚鱗的樣式，是裝飾牆面的一種呈現。」

楊宏祥指出，此倉庫另一項特點在於屋棟之間的小門開口——這是為了運輸方便，從第一棟直線將成品運到第五棟，也是巧思之一。第五棟有一區是半成品儲酒槽，約在光復後增建，鋼板建材能確保酒的品質。而原本各自獨立的酒槽，打穿後，呈現一座長形甬道，約一人半高的空間聚集著參觀人潮，頂部保留透明玻璃覆蓋的注酒口——如此設計，讓楊宏祥慨嘆：「這裡以往流動的是香醇的酒，現在是

參觀者漫步欣賞的動線，其間的交錯與轉換，讓人感受到時光走過的軌跡。」

傳動式開合窗極富巧思

位在園區後中段的包裝工廠，在通風與採光上有更多巧思設計。國際展演館建於一九二五到一九三一年，跨過大正、昭和兩個時期；北段建於昭和年代，與南段倉庫均為包裝工廠。

切妻造斜屋頂與太子樓氣窗是建築的一大特色，廣開的窗戶，讓內部擁有絕佳的採光與流通空氣。南北棟都屬於挑高式空間，頂窗使用鏈條傳動式手法由人力開啟，一條長鏈從天花板垂下，底下的員工輕鬆轉動軸承就能控制窗戶的啟閉，相當具有巧思。

如今，這裡規劃為不定期策展空間。比較特別是，園區保留了酒廠舊有的精米機展示，讓遊客在參觀之餘，也能重溫那繁忙釀酒年代的風華。

交錯的屋頂鋼桁架是日治時期的產物，楊宏祥針對此設計，分享了一則小故事：「公賣局時期為了安置大型酒標機，削斷了一小節鋼骨，現在還能看到其中斷

裂的痕跡。我們沒有刻意補上，是尊重每一個時代的過程。」

溫婉和風與粗獷工業風交融

要說園區裡的舊時工業風代表，莫過於在各廠房外恣意穿梭的金屬管線。酒廠運作需要大量的熱能、動能，以及水、酒的運輸，設計師為了讓廠房運作便利，不在室內安置管線，而是選擇將它架設在戶外——園區內懸在半空中一根根蜿蜒、串流的大管子，就是輸送水、酒的通道，有日治時期的產物，也有後期的規劃，這樣特殊的設計洋溢工業風氛圍，甚至受導演魏德聖的青睞，挑選作為電影《海角七號》的拍攝場景之一。

和式風情與工業風交融，也是園區的風景特點。這裡唯一有日式老屋風情的衡道堂，當年是員工們的餐廳與娛樂空間。建築採回字型設計，切妻與入母屋造風格並存；對內規劃有簷廊，水泥抬高地基與外覆雨淋板都是標準配備。特別一提，此處還有一間小禮堂，是當初舉辦晚會之處。

二〇〇九年舊酒廠以「台中創意文化園區」開園，

在二〇一一年更名為「台中文化創意產業園區」，並於二〇一八年轉型為「文化部文化資產園區」，以文化資產作為國家品牌，創造台灣經典文化資產價值，並以人才的培育為核心，二〇一六年「一九一六文創工坊」成立至今，共引進三十七家微創產業進駐，除了展售商品，也設計教學課程，讓藝術文化傳承不輟，保留最重要的精神，打造傳統匠師培訓認證場域，發展文資育成生態體系網絡。

諾亞方舟

由藝術家賴亭玟、馬君輔創作的「載體Symbiosis」、「流年Fleeting」，引用諾亞方舟意象，酒廠經典建築層疊其上，古今交錯，輾轉流光，令人驚豔。

建築導讀員：
文化部文化資產局科長**楊宏祥**

中原建築系專業，任職於文化部文化資產局，參與文資園區修復與藝文展覽規劃過程。楊宏祥認為百年工業遺址的特色台中少有，以文創思維包裝活化經典歷史區域，才能賦予新生命。

歷史建築地景

建築師邱文傑作品，園區內每一棟歷史建築均有這種地景陰影投射，既能清楚老建築的年代身分，使用欲蓋彰顯概念表現的設計藝術也相當特別。

INFO

地址：台中市南區復興路三段362號
電話：（04）2217-6999
營時：園區／09:00～22:00。展館／09:00～17:00，5～10月09:00～18:00，依各展館公告為主
網址：tccip.boch.gov.tw

和屋

台中市

台中文學館

台中州警察宿舍群文武交會

離台中州廳僅有咫尺之遙，
日本政府選擇在柳川邊的樂群街
興建州警察宿舍，
包括署長官邸在內超過四十棟，
均為傳統木造日式建築，
歷經時代演變，
現今只保存六棟作為展示館開放。
文學館沒有圍牆，
可由樂群街展開漫遊，
細細感受老建築的沉靜氣質。

台灣在日治時期的宿舍群落遍地開花，雖有不同的業務職等而稍有差異，但有總督府令下的官舍建造標準，一些該有的基本元素還是存在。以台中文學館的前身台中州警察宿舍來說，包含有高等官舍與判任官舍，園區內的署長官邸就是高等官舍階級，其他的官舍多為丙種雙拼二戶格局，都是在昭和七年（一九三二）興建完成。

老古蹟從荒蕪中站起

文學館範圍包含建築與戶外園區面積約有二千多坪，這裡一度是荒蕪的廢墟，加上位處精華地段，寸土寸金，原本要全部拆撤作為停車場使用，而後在相關人員的奔走下被保留，二〇〇九年列為市定古蹟，並企劃設立台中文學館後展開

修復；耗時多年，終於在二〇一六年八月正式對外開放。

警察的剛硬形象與作家文學的柔韌恰好一武一文，這兩方看似背道的身分卻巧妙地在此交會。跨過八十年光陰的藩籬，攜手與後世人相見，是這處園區令人感動之處。

文學館位在樂群街、自立街、四維街等巷道間，沒有圍牆，參觀動線由樂群街進入較有系統。

署長官邸紀錄台中文學發展歷程

左側第一棟是署長官邸，約百來坪面積，採寄棟造屋頂設計，起居空間符合高等官舍標準；比較特殊的是，多了一間倉庫及防空洞設備。

署長官邸規劃為園區的常設一館，以時間為軸，展出台中文學發展歷程，包括大紀事、文學珍珠互動區及文學貢獻特區等六大主題。即日起至二〇一九年八月三十一日，文學館主題特展規劃「文學女俠——廖輝英作家特展」及「花愛・文學特展」，歡迎民眾前往參觀。

與一館相鄰的建築是常設二館及文學主題餐廳，這兩棟建築中間種植一棵百年老榕，樹木根系發達，已連綿成牆，是園區裡的主要景觀之一。主題餐廳的出入口在自立街，屬於雙戶連棟的格局，現在由樂社餐館經營。餐廳將和式屋的座敷、次間與緣側規劃成客座空間，比較特別是，櫃檯處的玄關位置去掉一部分挑高地坪，讓來客清楚原屋的地基高度，這是參觀一般日本房子很難見到的景象。

戶袋

和式屋的緣側拉門可全部開啟或拆卸。為了讓這些拉門得以歸整放置，通常會在兩側或一側設立儲放空間，這就是所謂的戶袋；戶袋的大小，取決於拉門的多寡。

動物詩牆

綠意扶疏的公園要營造文學森林的氛圍，因此園區內的各個角落都設計有動物形象詩牌，遊客在散步之餘，也能仔細品讀作家詩句中的意境。

榕樹下的腳踏車

文學館的榕樹廣場，見證了大自然生生不息的力量，這輛廢棄的腳踏車，也代表了歲月的進程與榕樹依存的關係。這並非藝術家的作品，而是一種偶然促成的寫意風格。

INFO

台中文學館
地址：台中市西區樂群街38號
電話：（04）2224-0875
營時：10:00～17:00，週一、國定假日休。每週六、日15:00、16:00專人定時導覽
網址：www.tlm.taichung.gov.tw

櫟舍文學餐廳
地址：台中市西區自立街6號
電話：（04）3704-6848
營時：周二到日09:00～18:00，週一休
網址：www.facebook.com/pg/Rekisha06/about/?ref=page_internal

台中市

臺中刑務所演武場

新六藝進駐，老建築重顯光彩

建於昭和十二年（一九三七），
隸屬於日治時期獄警練習武術的體育場。
臺中刑務所演武場如同武德殿一般，
也為這些精英們提供研習劍道、
柔道與弓道空間，
時光跳到八十一年後，
以OT案承接管理的道禾教育基金會，
用「新六藝」的概念，
命名為「道禾六藝文化館」，
讓老建築再度煥發迷人光彩。

台灣武德殿建築林立，初到臺中刑務所的遊客們可能會對這兩種場所產生混淆。其實兩者在設計上多有雷同處，但就行政體系上來說，武德殿是屬於警察機關所有，而演武場則隸屬於監獄，也就是日治時期的刑務所。

臺中刑務所如同其他各個官署擁有附屬建築群，除了囚房之外，典獄長宿舍、官員、職工及其眷屬宿舍等一應俱全。演武場是其中之一，左側的俱樂部與後方的單身員工宿舍在二〇〇四年列為歷史建築，修復後，於二〇一三年由道禾教育基金會規劃正式經營管理。

入母屋造演武場氣派恢宏

演武場設計類似日本的社殿建築，入母屋造屋頂被覆黑瓦，牆體是磚造外覆洗石子牆面，座基抬高，四周設有迴廊，欄杆為仿木結構，建材則是水泥，

門窗均為平拱式樣，與台灣其他武德殿建築類似，只是格局較小。入口處直接在簷廊下設大木門，並沒有千鳥或唐破風式門廊設計，不過兩側有破風板與懸魚設計；原建材為木造，白色漆是修復時補上的。

屋瓦是演武場的亮點，各種形式的鬼瓦分據四周，包括主脊大棟與大棟鬼瓦（大棟順下坡延伸的降棟與降棟鬼瓦）等。由於演武場曾發生大火，木結構與屋瓦燒毀，現今的屋瓦還是特地前往日本燒製，工藝精美，陽光下燦亮新穎。

場內室一處開闊空間，正中設有神龕，早期供奉天照大神等日本信仰神明，現祭拜至聖孔子。從正門一分為二，左側是柔道區，右側是劍道區，整個地坪全以木板搭建，表面上看不出機關，巧妙之處在地板下，柔道區下方設有彈簧，為使柔道士在摔打中可以緩衝；劍道區下方設置甕壇，有擴音作用，劍道士在擊退前進之間以聲助力，這樣的設備能加強音場，更顯磅礴。文化館取《尚書》「惟和」一詞，將之命名為「惟和館」。

官員俱樂部品東方茶香

官署機構對於其下的官員生活相當體恤，多會設置宿舍或聚會所，演武場左側的日式房屋，便是當年興建的官員俱樂部，獄警們在練習完後多會順便到此休憩，品茶、賞景，放鬆一下。

文化館將此處命名為「心行館」，取《華嚴經》「應觀法界性，一切唯心造」的寓意。建築是一棟一字型格局，採入母屋造，並在緣側區域使用重簷設計，相當精緻漂亮。館內目前規劃成品茶空間，入口第一區作為接待與商品展售，並保留老屋的建築工法讓遊客們欣賞，包括屋頂木構橫梁與牆壁的編竹夾泥牆，展開小部分區域讓人感受古風。在此品茶、用餐，享受愜意。

單身宿舍觀藝術之美

傳習館位在演武場後方，取自曾子「日省忠、信、傳習，乃立身修德之本」寓意。館舍是一處連棟的日式宿舍，原始設計有六個房間，專門提供單身的警察居住。宿舍格局較為簡單，屬標準的切妻屋造，前後設有廊道，以Y字柱列支撐，後

方場域目前是文化館舉辦弓道課程的場所。

單身宿舍的空間不會太大，玄關進入就是起居空間，文化館將此作為藝文展演場所，將原有六小間打通為三大間，木柱白牆流洩著簡單與潔淨。藝展每期輪換，藉由多元媒材展現藝術美學的魅力。

道禾教育基金會從二〇一〇年取得臺中刑務所演武場的經營權，於二〇一三年正式營運，依著道禾實驗中小學的模式，將東方人文課程放到這個場域繼續推廣。館長陳宥潔希望透過這個平台，讓大家瞭解新六藝的內涵；透過十到十二種與禮樂射御書術有關的課程，重新領略古文風。

大棟鬼瓦

屬於建築物主脊左右兩側的裝飾瓦，依不同身分，形狀有所不同。寺院神社有時會以鬼面式樣呈現，此處以「武」字做中心，代表演武場的性質；武字上頭的三根圓瓦，代表書卷，有期望在此練道者能文武兼備的寓意。

建築導讀員：
館長**陳宥潔**

任職於道禾教育基金會，現為道禾六藝文化館館長，主修藝術管理、藝術教育，將刑務所演武場與現代新六藝串連，期望在老空間裡提供後代以藝入道，培養健全的未來人格。

民國後壁龕修補牆

建築物走過日治、民國時期，後續的修復單位沒有刻意抹去舊時代的軌跡。此處突兀的封閉牆面是演武場的神龕後方，因民國時期進駐的軍眷為求通風，在此開了扇窗，文化局在修復時沒有刻意恢復原狀，僅將窗口封起，以視對歷史的尊重。

INFO

地址：台中市西區林森路33號
電話：（04）2375-9366
營時：心行館（茶館）週一09:30～17:00、週二到日09:30～22:00。傳習館（展覽館）週二到日09:00～12:00、13:30～17:00，週一休。惟和館（劍道館）僅每月第一週日10:00～12:00開放，平日作為體驗及課程教室，劍道館不對外開放
網址：www.sixarts.org.tw

斗六&虎尾古蹟巡禮

徜徉和風聚落，尋訪文創精神

文創種子在台灣各地隨風發芽，而落在雲林的就屬斗六與虎尾兩處，日治時期的開發與建設，讓雙城保有不少歷史建物與古蹟。斗六的政經中心在中山路與太平路一代，這裡興建了郡役所、斗六街役場及日式宿舍群；近年文化資產保護概念興起，讓老屋有機會重新妝扮後，以美麗面貌與世人相見；加上經營團隊的規劃與進駐，讓熱鬧的街市中保有一塊靜謐之地，能好好欣賞古蹟、感受文風。

虎尾的發達，可歸功於虎尾糖廠設立。這座在一九〇七年成立的製糖工廠帶動了運輸鐵道，讓虎尾驛、中正路老街與合同廳舍，乃至於郡役所、官邸陸續在街道地圖上出現，帶來了虎尾的繁榮與未來的興盛，值得規劃一趟雙城古蹟巡禮，探究古今。

雲中街生活聚落——文創小店進駐老屋

自古以來，斗六便是雲林主要的政經中心。日治時期此處最繁華的地段位於中山路與太平路周邊，當局將斗六郡役所、斗六街役場設置於此，並在後圍地區興建宿舍，也就是如今的雲中街警察宿舍群。這處聚落大約在昭和十二年（一九三七）興建，包括官邸與祕書宿舍。興建標準按照判任官舍類型設計，目前保存為數不多，有六棟列為歷史建築，其中十二到十八號的連棟官舍委託給「范特喜微創文化」管理，引進特色文創小店進駐，讓古蹟煥發新色彩。

這區四連棟宿舍格局相同，均配置有玄關、居室、廚浴及前後庭院，原本有築砌空心磚材的圍牆，已於修復時拆撤。房屋皆為木造結構，牆體為傳統的竹邊夾泥牆，屋頂覆黝黑瓦及水泥瓦兩種形式。修復時，發現屋頂防水層為珍貴的檜木皮；另外，在梁柱上可發現工匠們以日本四十七個片假名做編號的墨記痕跡，亦是珍貴之處。

目前進駐的店家有五間，常駐的有Mr. Lobby Coffee、猿樂作手作處、雲林幸福迴青等。其中，猿樂作手作處是間可愛的點心店，販售各式口味的蛋糕丸串，是遊逛園區時的涮嘴零食。

INFO

猿樂作手作處

地址：雲林縣斗六市雲中街16號

電話：（05）532-3252

營時：週二到日10:00～19:00，週一休

網址：www.facebook.com/Offerbananie

凹凸咖啡館——賞景品醇香

雲中街警察宿舍群中的雙拼格局戶舍，採寄棟屋根設計，屋頂覆以水泥瓦片，同樣於一九三七年間興建。此處於二〇一四年公告為歷史建築，也是當地第一棟修復完成的日式老屋。宿舍修復完成後採委外經營模式，目前成立凹凸咖啡館，提供單品咖啡與早午餐、輕食等料理。

INFO

地址：雲林縣斗六市雲中街9巷12號　電話：(05) 533-9610
營時：週一到四11:30～18:45，週五11:30～22 :45，週六10:30～22:45，週日10:30～18: 45，週二休
費用：單品咖啡180元起，美式咖啡80元，早午餐200元，輕食160元起
網址：www.facebook.com/ottocoffe

斗六公民會館——太子行啟紀念館

皇家對天皇或太子等皇族巡視有專有名稱，天皇稱為行幸，太子稱為行啟。裕仁在太子任期時巡視台灣後，各地方仕紳為紀念其到訪事蹟，均設有行啟紀念館，共計八處，雲林斗六為其中一處。

斗六行啟紀念館除作為展示空間外，也同時提供民眾聚會使用，因此具備公會堂的性質。這棟建築興建於昭和二年（一九二七），整體屬於和洋折衷設計式樣，屋頂採寄棟屋根樣式，牆身則為清水紅磚砌造；因是主要承重牆，內部空間並無支撐的立柱。

在建築手法上，有幾處特點值得參觀欣賞。比方說，窗戶樣式多達五種，包括整排的長開窗，為上下開合的重錘式窗戶。磚砌作法採用一皮順磚一皮丁磚的方式，此為荷式砌磚工法，近似於英式砌法。

會館目前作為展示館開放；館內除有圖文介紹太子行啟時的新聞，也安排許多互動小遊戲，有助於對這棟漂亮建築的認識。

INFO

地址：雲林縣斗六市府前街101號
電話：（05）536-2290
營時：週三到五14:00～18:00、19:00～22:00，週六、日09:00～12:00、14:00～18:00、19:00～22:00，週一、二休
網址：www.facebook.com/Xingchi.Public

虎尾驛——品嘗季節限定的甘蔗枝仔冰

台灣製糖業興盛，應運而生的糖廠與承載原物料的鐵道、火車陸續興建，虎尾驛便是配合虎尾糖廠所設立的車站。此處興建於明治四十年（一九〇七），因地處五塊厝，初始也稱為「五塊厝驛」，後於一九二〇年才改為虎尾驛。根據展示館內的黑白資料，最初的車站僅是一個公務小間，後來加入客貨業務才改成如今的樣貌。

虎尾驛在二〇一〇年一月十五日公告為歷史建築，修復後的古蹟規劃為遊客中心，產權歸屬虎尾糖廠，空間可作為承租使用。館內目前除了提供旅遊諮詢，也開設咖啡館；適逢每年十一到三月份糖廠製糖期間，還能買到季節限定的甘蔗枝仔冰。

虎尾糖廠是台灣目前僅存兩座還在製糖的單位，有興趣的遊客可順道前往參觀。

INFO

地址：雲林縣虎尾鎮中山路10號
電話：（05）633-5893
營時：09:00～18:00，週一休

虎尾合同廳舍——書香與咖啡香飄散

說起日治時期，虎尾地區最高的建築便是合同廳舍，這裡同時進駐郡役所直轄派出所、消防組、公會堂三個機構，為了讓消防人員方便瞭望，在建築中央打造了一棟高約四層樓的塔式閣樓，也是當時的顯眼地標。

合同廳舍興建於昭和五年（一九三〇），設計有塔樓與辦公廳舍。為加強磚造建材，廳舍屋頂為寄棟造樣式，以水泥瓦鋪設，屬於現代風格式樣。

「合同」意寓合署辦公，就是多個機構一起分享建築空間，虎尾廳舍為了照顧個別機關的獨立性，除了有各自的出入側門，中央大門進入也在左右設立專屬廳門，右側空間為消防組使用。

此建物於二〇〇一年十月三十一日登錄為歷史建築，於二〇〇六年完成修復。初始規劃為陳列館展示，二〇一四年誠品與星巴克進駐，讓老屋在歷史味中飄散書香與咖啡香。星巴克還特別保留消防滑竿設施，讓遊客能一探史蹟過往。

INFO

地址：雲林縣虎尾鎮林森路一段491號
電話：（05）633-8035（星巴克）
營時：07:00～10:30

雲林布袋戲館——虎尾郡役所

日治時期郡役所是主要的管轄機關，等同於現在的縣市政府，而虎尾郡役所便是當時的最高機構，同時管理行政與治安項目。

郡役所興建於大正十一年（一九二二），主棟與附屬建物呈ㄇ字型打造，規劃為辦公室、集會所與居留室等。設計式樣偏英國維多利亞時期風格，可見紅磚造與木結構元素；屋頂為寄棟式，在後方的附屬空間添加太子樓設計，正中獨棟建築則隸屬於昭和年間增建的郡守辦公室。

此處可以欣賞多種和洋建築語彙，包括使用鉛錘帶動開合的長窗、廊柱下的洗石子線腳、Y字列柱與木榴壁（木條灰泥牆）等，是建築系學生的活字典。郡役所在二〇〇一年十月三十一日公告為雲林縣定歷史建築，修復後作為展示館陳列。目前以布袋戲主題館開放，館內介紹布袋戲起源，蒐集大型精緻戲偶展出，讓四、五十歲的遊客們懷念不已。

INFO

地址：雲林縣虎尾鎮林森路一段498號
電話：（05）631-3080
營時：10:00～18:00，週一、二休
網址：tour.yunlin.gov.tw/huwei/service/index1.asp

涌翠閣——虎尾郡守招待所

部分虎尾人眼中的廢墟，歷經整修後，復還她原本美麗的面貌。涌翠閣也稱幽翠閣，興建於昭和十四年（一九三九），由當時的郡守田中鐵太郎下令建造，主要作為招待官方與軍方等重要人士的招待所。建築物為一字長形屋，左右規劃一處包廂式的獨立小屋，中間過道廊串連，屋頂採寄棟造式樣，被覆以水泥瓦，在二〇一〇年列為古蹟。

歷史建築修復後須進一步規劃營運。涌翠閣在二〇一七年四月迎來她的新主人——台灣藝術發展協會，以分享創作的視角賦予老空間新生命，包括邀請駐地藝術家來此策展，也曾邀請日本名古屋繪本作家舉辦插畫展。

另外，在這裡也能享受下午茶時光，館方推出郡守午茶，讓人在洋溢和風的空間裡，悠閒地品嘗梔子花開有機黑豆茶、英式經典乳酪蛋糕的美妙滋味。

INFO

地址：雲林縣虎尾鎮水源路27號　電話：(05) 633-3921
營時：週三到五14:00～18:00，週一、二休
門票：雲林縣民50元，外縣市居民100元，可抵館內消費
網址：www.facebook.com/yusuikaku

和風 嘉義市

嘉義市史蹟資料館

展現日本神社的美學風情

明治維新時期神道信仰再度興起，大小神社如雨後春筍般興建，一海之隔外的台灣也不例外。光復後，因為去日本化毀壞了不少，目前僅剩嘉義神社與桃園神社較具規模。其中，嘉義神社歷經兩次整建，社格高級，為僅次於官幣神社下的國幣小社。本殿建築已不復存在，只剩齋館與社務所、祭器庫與手水舍等設施供後人參觀。

兩代嘉義神社的故事

嘉義神社位在嘉義公園內，這裡屬於市區地勢較高的西堡山仔頂位置，符合神社興建的基本要件，除了寧靜之外，居高臨下也帶有俯視民生的意味。第一代嘉義神社興建於一九一五年，木造建材受白蟻侵蝕毀壞，進而打造了第二代神社。

嘉義公園裡僅保留拜殿遺址供後人憑弔，當時隸屬於規格較小的縣格神社，所以興建面積不大。一般來說，日本神社通常面向南方或東方，由此可見嘉義神社一代與二代座向方位不同的差異之處。

二代神社的美學風情

第二代嘉義神社完成於一九四二年，本殿先行完工，齋館與社務所在一九四三年完成。重新打造的二代神社規模宏偉，參拜道甚至可遠達現今的中山路。

神社的基本設施包括本殿、拜殿、社務所、齋館、手水舍與參拜道等。嘉義神社經過火災，主殿已經毀壞，市政府在原址興建射日塔，而社務所、齋館、手水舍則原樣重建，讓民眾能透過古蹟文物瞭解日本神社的美學風情。

社務所與齋館重生

修整過後的社務所與齋館，於二〇〇一年作為嘉義市史蹟資料館開放。面向大門左側為齋館，以往是神社祭祀前齋戒和準備的地方；右側建築為社務所，是工作人員辦公、休憩的地方。兩棟建築中間有廊道串連，對面是手水舍與休憩所，這幾處文物設備連同上方的祭器庫、參道等，已被列為市定古蹟保護。

史蹟資料館開放

社務所與齋館的設計風格屬於日本書院造系統，帶有典雅的士大夫風情。最引人注目的設計手法，就位在大門玄關處的千鳥破風——這種典型的三角破風板屋頂造型，最常在入母式屋頂（即中國歇山式屋頂）看到，主要架設於屋頂斜坡邊上，作為通風與採光之用，也有美化建築的功能。

千鳥破風及懸魚

破風下依附有懸魚雕刻，造型從簡單質樸到繁複華麗皆有，是為防止屋梁木頭受潮所做的保護板；另取其魚在水中游，有防火擋災的寓意。懸魚造型多樣，史蹟館的稱為「豬目懸魚」，是一種雕刻式樣，三個圓形或心形鏤刻小圈是經典結構。

神社時代已遠，綿長的參拜道上擺設的也不是原樣的石燈籠，然而一踏入史蹟館的庭院，靜謐沉潛與肅然感油然生起。老古蹟已不再有僧侶穿梭往返，取而代之的，是絡繹不絕的觀光客對美麗建築的讚嘆。

展示廳訴說諸羅古城三佰年

齋館空間規劃成展示廳，寬敞的面積以「諸羅古城三佰年」為主題，用圖文介紹嘉義市的古往今來。這裡原本是神社舉辦祭典、婚禮與開會的場所；井格狀的天花板稱為「格天井」，以細長角材縱橫交錯，像細細綿綿的織網柔和溫潤，也是日本建築常見的裝潢特色之一。

社務所的小居室格局較多，這些地方也作為各個主題館的陳列展示使用，包括有「史蹟館的前世今生」、「百年嘉義公園」、「嘉義鐵道」與「嘉義林業」等，能藉此初步認識嘉義的樣貌。值得細細觀賞的，是收集神社舊文物的展示間，這裡留存神社的各式屋瓦與起造人的歷史照片，能進一步瞭解這棟建築的內部結構。文創商品區有不少頗具巧思的紀念物可以選購，送禮自用兩相宜。

祭器庫

神社作為放置神輿（神轎）的空間，也稱神輿庫。有別於一般木造的祭器庫，嘉義神社的祭器庫因為建造期接近現代，已有水泥建材生產，因此可見外牆覆以灰白的水泥牆面，是這棟建築較為特殊之處。

認識「國幣小社」

近代日本神社有區分階級的社格制度，由上至下為官幣大中小社、國幣大中小社。官幣社是接受國家幣帛奉獻的神社；國幣社是接受令制國（等同於附屬國）幣帛奉獻的神社。嘉義神社屬於國幣小社，與新竹、台中、高雄等神社同級。當年比它位階高的有台南神社（官幣中社）與台灣神社（官幣大社）。

認識「書院造」

日本建築式樣，由寢殿造衍伸而來，是以書房空間為主的屋宅風格，最初是寺廟僧侶合併書房起居的生活形式，後被武士家屋大量設計採用。一般指具備床之間、座敷設計的房屋，也是近代日本傳統民居常見的格局。

石燈籠

神社參拜道上的必要裝置，有一定的規格與數目，造型有如一個「亭」字。每個結構都有不同名稱，由上自下分別是寶珠、笠（燈籠頂）、火袋、中合、竿、基礎、基壇等。嘉義神社石燈籠皆為舊物修復，原始樣貌中「笠」的部分尺寸較小，現為嘉義城隍廟新製。

INFO

地址：嘉義市東區公園街42號
電話：（05）271-1647
營時：09:00 ~ 17:00，週一休
網址：www.cabcy.gov.tw/historical

嘉義市

嘉義舊監獄

全台唯一獄政博物館

守法者說什麼也不可能踏進監獄的大門，
但對這高牆之內的景況總免不了好奇。
嘉義舊監獄的開放，
讓人有機會一窺日治時期的獄政系統與格局。
嘉義舊監獄的防禦概念參照美國賓州監獄設計，
與網走監獄同一體系。
另外，這裡同時擁有木造、磚木造、
加強磚造、RC造等建築工法的特質，
是一處相當完備的建築史蹟閱讀場域。

嘉義舊監獄發展歷史

陰暗的長廊、鐵刺懸掛的高牆與囚犯在窄小牢房裡蜷縮的身影，是一般人對監獄的印象。二〇一一年對外開放參觀的嘉義舊監獄，滿足了人們的想像，神祕面紗之下的刑務空間，既有國定古蹟的文化風情，透過文物展示，也可認識日治時期以來台灣監獄的發展歷史。

嘉義舊監獄於大正八年（一九一九）起建，一九二〇年完工，一九二二年啟用，總土地面積約七千多坪，最初隸屬於台南監獄嘉義支監，後改為台南刑務所嘉義支所。建造的範圍包括圍牆、表門（外大

門）、典獄長室、中央台、獄舍、工場等。為符合這些場域的功能性，並考量台灣氣候的條件，每一棟建築體都採行不同的工法打造，是參訪之餘值得細心挖掘的重點。

嘉義舊監獄可概略分成行政區、舍房區與工場區，行政區包括典獄長室、中央台與日新堂（大禮堂）；舍房區均為牢舍，分智仁勇與婦育館舍房；工場區主要是收容人工作的地方，共有四間工場。預計未來將以獄政博物館的型態規劃；目前部分史蹟還在修復中，僅開放團體、並有專業老師導覽的方式參觀。

中央台——監獄的監控大腦

中央台是所有監獄的監控大腦，與智仁勇舍房串連；中間鎖以層層鐵門區隔，從空中俯瞰，由中央台成三股放射狀直線打造，便於管理。

六角型的空間設計了六個出入口，可通往牢舍、行政中心與日新堂；屋頂屬於切妻造式樣；內部梁柱與天花板、門窗等，都採用阿里山檜木

或扁柏興建；天花板採用日式押緣作法，是舊監獄唯一還保留傳統工法的地區。

中央台通往行政中心的天花板設有神龕座，供奉天照大神；走道旁有一座活動樓梯可以上下，是這個空間最為特殊之處。

神奇「貓道」——監控智仁勇房舍

監獄從大門開始就隔開男女收容人，連接見室也分屬不同區域。為了照顧育有孩子的女性收容人，婦育館舍房裡還設有孩童的玩耍空間。

智仁勇房舍屬於磚木混合，屋架採小屋組式構造，專門收容男性犯者。屋頂為寄棟造；為了通風及採光，在頂部增加了太子樓的設計——這樣的設置也可在工場區的建築看到。

三棟男監現今依照不同主題作為陳列館展示，仁舍以還原舍房環境為主；勇舍展示了收容人的戒具、服飾。房舍對外口很小，一般人會疑慮獄警是如何監控收容人的動向，「這些空間的上方都開有『貓道』，從頭到尾全部貫通，獄警

從活動樓梯爬上天花板，走在容一人通行的木板，就能清楚所有人的動靜。」資深解說員陳俊文每到此處，都會親自示範一遍，並邀請參觀者進入房舍體驗，令人印象深刻。

工場房舍——木構造建築

工場區均屬於木構造建築，使用的木建材有紅檜（外牆雨淋板）、扁柏（屋架、木柱）。為了容納大量的人員，在空間設計上使用大跨距手法。作為通風採光的太子樓設計，也不同於男監的連貫造型，在此採用五座獨立出口。

工場的設立，讓收容人有了收入可作為出獄時使用，與團體間的接觸也有助於再融入社會之中。日治時期的工場作業項目包括製作鹽袋、芭蕉籠、簾骨及木工等，都是那個時期所需的用品。現今的工場作為主題文物展示館，介紹台灣各地監獄的特色與舊監獄修復文物的展出。

獄政博物館之行，除了欣賞日式建築之美外，也能對台灣獄政體系有更深度的瞭解。

鬼瓦符號

日式屋頂以各式的瓦片搭建，包括大面積的軒瓦、丸瓦，以及在屋脊尾端收邊的鬼瓦。一般的鬼瓦沒有標誌或符號，除了特定單位或空間會加註，此處的鬼瓦標示星號，通常會在軍警系統單位見到；鬼瓦上的「吉」字不是每一處皆有，且來源不可考，是值得探尋之處。

崗哨

監獄圍牆邊角均設置有崗哨瞭望塔，以供獄警監守巡視。塔深約有二層樓高，設有迴旋梯登上塔頂，僅容一人通行；站在塔頂上可瞭望周邊動向。此區尚未對外開放，期盼博物館系統完備後能供大眾參訪。

解說員

陳俊文

嘉義在地人，為嘉義舊監獄固定導覽老師與新港文教基金會指導老師。曾出版《嘉義小旅行》一書，喜歡以深度慢遊的方式，走讀嘉義的巷弄之美，探尋歷史文化。

扶壁

台灣為多地震區域，因此建築師在設計大空間房舍時特別列入支撐點。此為監獄內的第一、二工場；外側牆壁增加了三角型支撐柱，即為「扶壁」，為加強這兩棟磚木RC混合建材打造的牆體因地震產生的水平方向受力。扶壁為鋼筋混凝土柱墩，外覆鋼架是為保護古蹟所採取的措施。

INFO

地址：嘉義市東區維新路140號
電話：（05）278-9242
營時：導覽志工以團進團出方式帶領入館參觀，導覽時段09:30、10:30、13:30、14:30
網址：prisonmuseum.moj.gov.tw

檜意森活村

全台最大日式宿舍建築群

占地三．四公頃，擁有一棟市定古蹟及二十九棟歷史建築的檜意森活村，前身為臺灣總督府營林局嘉義林場宿舍聚落，在日治時期是為了安置林場來台的員工及眷屬所設，包含所長官舍在內共有四種建築形式，包括一戶建、雙拼二戶建、四戶及八戶連棟等格局，面積介於十三至三十坪之間。依照棟札上的興建年代推估，這批建築群約在一九一四到一九四三年之間陸續興建，也符合一九一四年阿里山森林鐵路的開通時間。

官舍有規定的建築標準，林場宿舍也不例外，聚落所在地當時稱為檜町，建築群被林森路一分為二，北邊屬於低階職員的住所，多是連棟房舍，南邊為高等職員的居住範圍，獨棟與雙拼房舍較多；其中雙拼戶所估計超過十七棟，現今全歸屬於林務局管轄。

宿舍群在二〇〇五年公告登錄為歷史建築，並於二〇〇八年開始進行修復，於二〇一一年完工。初期作為展示館開放，後來以ＯＴ方式，交由檜意森活村公司經營。館方以招商方式吸引嘉義在地特色商家進駐，包括木更咖啡、二〇三〇舊時嘉義館、福義軒、旺萊山等商鋪，成為嘉義市最熱門的觀光勝地。

INFO

地址：嘉義市東區林森東路1號
電話：（05）276-1601
營時：10:00～18:00
網址：www.hinokivillage.com.tw

營林俱樂部——仿都鐸建築的美景

在諸多日式傳統房舍中，營林俱樂部的都鐸式建築在園區內顯得特別亮眼。這棟建築興建於大正三年（一九一四），主要功能為招待官員休憩娛樂使用；光復後，被國民政府接收，曾一度作為嘉義林務局員工子女就讀的幼兒園。

俱樂部仿十七世紀英國都鐸式半木構造設計，園區近五百坪，建築物約七十五坪，與北門驛同列為嘉義市定古蹟。斜屋頂是都鐸建築的主要元素，是為防止風雪壓頂而設計，全以青銅材質搭設。這裡多了挑高地坪的規劃，是因應台灣氣候潮濕及通風而生的在地特色。

建築外牆包覆雨淋板，有別於一般日式屋舍的雨淋板規格，尺寸較長，且在轉角處使用青銅材質作為壓條設計，可防止白蟻侵蝕。青銅建材在價格上相對高昂，營林所因其重要地位而大量使用；除了壓條外，排水管、水溝也一樣使用青銅安裝。

明治維新後，大量日籍留學生回到日本無發揮空間，殖民地區就是他們大展長才的舞台。這樣的現象也在營林俱樂部看到，設計師在同一面牆上用了三種手法建造窗戶，包括常見的推拉式窗，還有上下卡榫式拉窗及重捶式拉窗等；其中，重捶式樣是利用兩側安裝的鋼纜控制窗戶開啟，這種手法在公部門很常見，包括嘉義舊監獄、菸酒公賣局都有。

INFO

位置：檜意森活村 T19B
電話：（05）2761-601 # 2191
營時：10:00 ～ 12:00、13:00 ～ 17:00

所長官舍——百分百阿里山檜木修復

檜意森活村的二十八棟建築群，大都OT外包經營，不過也保留四棟作為展覽陳列使用，嘉義出張所所長官舍便是其中之一。

這棟建築採一戶式設計，包含庭院約三百多坪，建物約一百坪左右，面積在台灣三大林場（太平山、阿里山、八仙山）首長宿舍中堪稱最大的一處。原始宿舍全採用阿里山檜木打造，當初在修復時也依這個標準使用建材，與園區內另一棟副所長宿舍都是百分之百採用阿里山檜木修建。

所長宿舍目前作為定期展覽使用。宿舍內部格局按照標準，配置有玄關、副玄關、座敷、緣側等；座敷是標準的八帖大小，比較特別的是，在座敷隔壁空間規劃一處同樣八帖的續間，是多功能居室，可同時作為宴客或寢室使用。屋頂的覆瓦，除了使用一次大戰後出現的水泥瓦之外，特別挑選台灣產的紅色水泥瓦建材，是較少見的手法。

INFO

位置：檜意森活村 T24
電話：(05) 2761-601 # 2242
營時：10:00 ～ 12:00、13:00 ～ 17:00

二〇三〇舊時嘉義館——重回《KANO》拍攝場景

一間由喜愛棒球與日本文化的老闆所經營的空間，與霞光和服館隸屬同一個集團。舊時嘉義館以電影《KANO》拍攝場景為主題，在這棟二戶式的老屋營造台灣二〇、三〇年代的氛圍，並陳列與棒球相關的展品。

館內共分五個展示區，包括電影《KANO》近藤教練的房間、老文物蒐藏、日治時期基礎建設的故事等。館方也規劃了座椅休憩區；因緊臨霞光和服館，有不少遊客穿著浴衣，在此點一壺日式煎茶，感受濃濃的和式風情。

霞光和服館——著浴衣與老屋合影

日式庭園與屋舍若有一群穿著浴衣的遊客穿梭往來，那真有一秒到日本的趣味——這樣的想法，在檜意森活村的霞光和服館實現了。喜愛日本文化的老闆，特地選在園區內雙拼老屋的一戶空間裡，融入日本浴衣的穿著體驗；琳瑯滿目的花色浴衣在陳列架上任君挑選，不管男女或孩童，都能為自己挑選一套滿意樣式穿著，並可在時限內漫步花木扶疏的庭園拍攝取景。

特別一提的是，浴衣穿著會有工作人員協助；而搭配小物如小扇子、木屐等，都包含在收費內。

INFO

地址：嘉義市東區共和路 191 巷 3 號（檜意森活村 T21B）
電話：（05）275-8958　營時：10:00 ～ 18:00
費用：和服租借 450 元（2 小時），逾時 1 小時，每小時 150 元，妝髮加 150 元
網址：www.facebook.com/ 霞光寶物珍藏 -806850762691491

位置：檜意森活村 T21A
電話：（05）275-8958
營時：10:00 ～ 18:00
費用：茶飲 250 元、咖啡 150 元、茶點 110 元、套餐 380 元起

並木館——欣賞木作文創商品

這處空間為檜意森活村公司自營的商鋪，主要邀請嘉義在地木作商家進駐販售。建築所在也是一棟雙拼格局，為了營業方便，館方將原本的緣側位置當作出入口，原始的大門設在後方，沒有開放進出。

雙拼宿舍的面積不大，基本空間配置除了玄關之外，就是座敷、居間及可對外賞景的緣側廊道；改為營業空間後，撤去拉門，以方便櫃位擺設。

進駐的品牌有：將藏工坊、一朗木創、木入三分與明昇木業等；其中，一朗木創的日本檜木系列產品開發原木手工作品，與將藏工坊的竹製名片夾，都是值得推薦的創意商品。

INFO

位置：檜意森活村 T08B
電話：（05）2761-601 # 2082
營時：08:30 ～ 18:00

湯城鵝行——顛覆鵝肉攤舊印象

由一群青年與嘉文生技公司合作推出的鵝品專賣店。嘉文生技是全台最大種鵝場，湯城鵝行選在檜意森活村開設實體店面，要顛覆人們對鵝品及鵝肉攤的印象。

商家所在地是園區四棟一戶建樣式的其中一間，擁有獨立庭院，外設有雨淋板，屋頂覆蓋水泥瓦，內部空間均依原樣保存，只撤去拉門部分。

商家在此販售鵝隻的相關商品，包括精心提煉的鵝油、長時間滷製的鵝鐵蛋，還有香氣四溢的醉鵝。招牌美味是金蔥鵝油拌飯，搭配鵝丸湯，風味絕佳；另有鵝翅、鵝掌、茶鵝等美味可選擇。

INFO

地址：嘉義市東區共和路 356 巷 3 號（檜意森活村 T28）
電話：（05）2761-601 # 2299
營時：10:00 ～ 18:00，週一休
費用：金蔥鵝油拌飯 100 元、鵝鐵蛋 50 元、花雕醉鵝 400 元起
網址：www.townchen.com

北門驛——阿里山紅檜飄香

阿里山森林鐵路於一九一二年完工通車，作為鐵道首站的北門驛有著時代性的意義。這座車站興建於明治四十五年（一九一二），直到一九七三年都肩負著木材運輸兼載客營運的任務。北門新站成立後，卸下運輸的角色，因歷史悠久，在一九九八年被列入嘉義市定古蹟。

以車站為中心往外可達製材廠、修理工廠、貯木池等區，站體設計為長方型格局，面積近三十坪，包括了辦公室、候車室與剪票口，屬寄棟造樣式，大門門廊略低於屋簷，形成類似重簷的規格，有別於其他車站的式樣。整棟建築最初均以台灣紅檜打造，後因祝融導致站房毀壞近一半，而後的修復也依傳統工法進行，建材亦是採用阿里山紅檜。

候車室外有一突出廊道，是「車寄」（老屋前的入口處）做法，支撐架使用鐵柱管，在靠近天花板之處，以三叉弧狀分枝，近似一般木造車站的Y柱列，造型更為典雅。

北門驛在轉型為觀光車站後，除了作為古蹟對外開放，也同樣是阿里山鐵道的搭車據點。阿里山火車每日有兩班往返嘉義、兩班往返奮起湖，週末加開兩班往返奮起湖，詳細班次請參考阿里山森林鐵道時刻表。

INFO

地址：嘉義市東區共和路 428 號
電話：票務專線（05）276-8094、886-5-225-6918
營時：請參考阿里山森林鐵道時刻表
網址：www.railway.gov.tw/Alishan-tw/

台南市

林百貨

五層樓仔勾勒老台南人的逛街記憶

日治時期台灣的公部門設施積極興建，民間的商業住宅空間也納入規劃版圖，形成有體系的店鋪住宅樣貌。林百貨就隸屬於當時台南末廣町（現為中正路）「店鋪住宅速成會」街屋之一。興建於昭和六年（一九三一），設計者是梅澤捨次郎。當時的RC（鋼筋混凝土）建材風潮興起，讓林百貨擁有許多現代建築的語彙。二〇一四年，近百年的商場歷經重修換裝後，有了新舊結合的美感，值得細細品味。

折衷式樣，堪稱現代主義風範

林百貨的創辦人是出生於日本山口縣的商人林方一，沒有雄厚的家族背景，全靠自身的努力與眼光打拚出一片天地。林方一從日本來台，以經營服飾店與商社累積相關經驗，終於在一九三二年十二月五日開辦了當時台南第一間大型商場林百貨。可惜在開幕前，林方一因病去世，後期的經營則由妻子接手，直到太平洋戰爭爆發。

溝面磚外牆展現風華

林百貨坐落於三角窗位置，外觀立面由中央往兩翼延展開。因受到一九二三年日本發生關東大地震的影響，水泥大量啟用，因此，林百貨主要結構建材是鋼筋混凝土。

為了美化水泥牆面的粗糙感，建築

外牆貼覆大量的溝面磚，設計風格屬於折衷式樣帶點新古典主義風情；主樓立面與兩翼的流線造型與廊道立柱，有別於一般巴洛克式的華麗風貌，以俐落線條展現現代主義的風範。

老建築烙印時光感

老台南人私下稱林百貨為「五層樓仔」，名稱源於這棟建築外觀有五個樓層。當初規劃販售商品分層區隔，一樓是菸酒、化妝品，二樓是衣物、寢具，三、四樓是織品、服裝與餐具，五樓則是餐飲店，六樓為開放空間，這裡設置了屋頂神社「末廣社」，修復之後也保留了這個特別的場域。

老建築之所以迷人，在於經過歲月洗禮後所烙印的時光感。林百貨的珍貴，在於原汁原味呈現當年的風貌，包括老電梯、古法打造的地板，以及化繁為簡的女兒牆等。修復單位也沒有抹去二次大戰的痕跡，特意保留的彈孔牆面與機關槍砲座，在在訴說老商場一段段的故事，這些都是遊逛之餘值得留心的細節。

走過歷史，以「台南人的客廳」定調

身為台南市定古蹟，林百貨在修復完畢後，交由高青時尚集團管理經營，以「台南人的客廳」為嶄新的林百貨定調。林百貨於二〇一四年六月十四日開幕，蜂擁的人潮重現了當年熱鬧逛商場的氛圍。

「好客廳」——看阿嬤級櫥櫃

一樓主題是「好客廳」，專門販售台南的伴手禮與林百貨自創品牌商品。這個空間以高大的立柱、阿嬤級的商品陳列櫃與電梯最有特色；立柱設計秉持現代式樣的風格，簡單俐落，僅在柱頭用放射弧形線條呈現，與常見的華麗柱頭相比，別有一番風情。

在眾多陳列櫃中，有二個曾於舊林百貨服務的商品櫃也現身於此——這是老員工當年用一元購買的紀念品，而後捐給台灣歷史博物館，因緣際會下，又回到了老家，也讓林百貨增添一段動人的故事。

手創品牌——看台南人美學涵養

二到五樓的空間分別以「好設計、好時尚、好文化、好美味」系列呈現；其中，好設計偏重於文創好物與工藝設計，進駐的廠商有老松商號與悠菓創藝。二、三樓的角落，保留一區舊百貨的原始地坪，是灰橘雙色方塊磨石子地板，分別以硬底、軟底工法拼製，在當時是很新潮的泥作手藝。

三樓為好時尚主題，這裡最大的特色在於，請設計師用木棧道與鳳凰花蕾絲布營造台南街巷的悠閒氛圍。周邊環繞的品牌商有藺裹子、明林蕾絲與HEY SUN、L'AMOFIREFLY等商家；百貨商場內，處處可見的鳳凰花絲緞就是出自明林蕾絲。

以文創精神為理念，嶄新的林百貨也有藝文展示角落。林聚點藝文空間位

在四樓，不定期安排策展；這一區也陳列老百貨的舊物如磨石子地坪、木門、銅把手等。五樓是飲品小吃空間，目前有茂記豆花與林百貨自營餐區，是休憩賞景的好所在。

溝面磚

興起於一九二〇年代，多為北投窯廠生產的陶製磚，色系偏重於綠、褐色，溝痕有七、九、十三道（多見於台大與成大校舍）；林百貨使用的多是不規則溝面磚，沒有一定的數目。

頂樓神社

原本並未設置，後因頂樓部分建築發生火災，進而規劃建造，稱為「末廣社」，供奉商城主要保護神。特別一提的是，這個區域沒有對外開放，僅供社內人員祭祀參拜使用。鳥居最上層的島木，在國民政府時期被毀壞，修復單位也保留這一歷史過程，並未依原樣重新築砌。

指針式電梯

擁有八十六年歲月的老電梯，曾是台南第一座新潮流籠，樓層顯示器械為歐洲老飯店常見的指針樣式。原本電梯可搭載十二人，後因安全問題，修復時改為限乘六人的空間。

INFO

地址：台南市中西區忠義路二段63號
電話：（06）221-3000
營時：11:00～22:00
網址：www.hayashi.com.tw

和屋

台南市

國定古蹟臺南地方法院

西方建築美學經典之作

被譽為台灣日治時期三大歷史建築之一，
國定古蹟臺南地方法院
可說是經典的建築美學代表。
此為第二代法院，
由建築師森山松之助設計，
主要的西洋建築元素如馬薩式屋頂、
希臘羅馬立柱與紅磚建材一一展現。
多樣化的屋架風格及法庭制度演進忠實呈現，
是台灣保存最完善的法院古蹟建築。

台灣的法院制度由日本引進，當時採取殖民地條例而非日本本國的裁判所制度。臺南地方法院歷經三代，第一代設於一八九八至一九一四年，位在萬壽宮，屬於臨時法庭；第二代走過一九一四至二〇〇〇年，也是現今的舊臺南地院；第三代則是二〇〇〇年移到健康路上至今。

精緻門廊與華麗門廳，令人驚豔

舊臺南地院興建於一九一二至一九一四年，坐落於府前路與永福路三角地帶。入口處是西洋建築特有的門廊設計，共有一虛二實三處門廊，主要參觀通道為府前路東側大門——以往是法官與員工專用道；西側為庶民通道，目前不開放。

法院門廊——愛奧尼克柱VS托次坎柱

二座門廊一華麗一簡約，東側以古典山牆形式，由八根柱子構成。三根柱子為一組，使用愛奧尼克柱式與複合柱式手法；角柱為方柱，每一根柱頭都有繁複的傳統蛋鏢飾（eggs and arts）與垂帶（festoon）元素；後方漂亮的巴洛克式圓拱屋頂是門廳位置。西側門廊元素較少，同樣屬於古典形式且立有八柱，柱型為托次坎式，裝飾性語彙甚少，但仍不改莊嚴氣派的意象。

後方原本有一塔式高樓與東側的門廳相呼應，彰顯台灣少有的不對稱設計手法，可惜列屬危樓，已於一九六九年拆撤；由於找不到原始設計圖，基於古蹟保護法的規定不能重塑，只在室內做一意象陳列。

華麗門廳──驚豔十二列柱與圓頂藻井

花樣繁複的希臘羅馬壁柱，是西洋建築的必要元素，這處門廳共有十二根柱子，每三根為一組，環繞著整個方形門廳。各區柱身有不同的裝飾，柱頭屬於複合柱，頂有蓋盤支撐著屋頂，向下的渦卷裝飾泥塑是柱頭常見的圖樣。柱身有上下兩段，上段為直線的二十四道凹槽，下段則是勛章裝飾。

列柱之外的門廳設計，出現造型各異的線腳；比較特殊的是，串連門廳與其他空間的通道也有古典設計，其中東向與北向拱圈有勛章裝飾組合，彩帶、花、草葉環繞，營造眾星拱月的尊貴感。大型牛腿飾也是此間的精采之處。

門廳上方為拱圓頂，均以木架支撐，展現設計師與匠人們精湛的工藝。天花板為鏤空藻井作法，光線可穿透，四周綴以葉形泥塑與線腳；較特殊是，拜占庭式的弧三角（squinch，亦稱「帆拱」）設計，泥塑顏色深淺不一，代表經歷了不同的修復時代，有精緻、有粗糙，都是時間的印記。

天井、屋頂、高塔及法庭，風格別具

臺南地方法院堪稱最美的法院。受日治時期西化政策影響，建築洋溢濃濃的西方風格，舉凡巴洛克式華麗雕刻、雄偉莊嚴的精緻門廳、古典拱門與華麗的圓柱，充滿匠人的巧思。這棟百年歷史建築經修復後，處處有看頭，抬頭細看，彷彿置身歐洲，令人驚豔！

天井——遇見冬日的虹霓光束

長屋格局有無光的缺點，這樣的空間出現在舊地院門廳右側的五十米長廊，為了讓光線能進入此間，建築師打造四座高長梯形天井，從屋頂開口引進光源；為使光線順利通過豎道抵達室內，選擇在四面安裝可反射光源的鏡子。

採光天井為木造外框，層層被覆，由外至內分別是骨架、木板、夾板以及鏡面玻璃；外觀架構，可於屋頂的維修通道看見。

光源的投射與方位，依季節不同而有變換，館內工作人員在某一時刻發現了這個設計的意外光束——彩虹。原來在每年十月下旬到十二月中旬這段期間，天氣晴朗的上午十點到十一點四十五分之間，會有一道道虹與霓，隨著人影流動；虹霓宛如跳躍的精靈在廊道之間流動，是參訪時的意外驚喜。

屋頂——馬薩式與動感圓頂

在這棟建築的諸多元素中，屋頂形式絕對是精采亮點。依照不同空間劃分，包括有西洋馬薩式屋頂、皇冠式圓頂與入母、切妻造式樣；依照這些形式組成的屋架，便有西式五角形、鋼骨扇形、中柱式屋架及傳統日式等四種。

馬薩式屋頂流行於十九世紀歐洲地區，此處多集中在二座門廳間的辦公區域，特色為二折屋頂，上坡緩，下坡陡；此處使用青銅屋瓦以魚鱗形狀鋪設，約有一樓高度，可在桁架下搭建維修通道，在當時多為官署設計採用。

被解說志工暱稱為舊地院最具動感的圓頂，就是東側門廳上的圓頂，其結構

區分為基座、鼓環、圓頂與頂塔部分。圓頂由十二組木製屋架組成，為不等邊八角形，與頂塔均用青銅屋瓦被覆；基座、鼓環則有牛腿柱、帕拉底歐窗與托次坎式立柱設計，處處散發華麗精緻的風格。

高塔——消失的塔身在鏡子裡

此處的天際線原本會有一抹哥德式尖塔的影子，如同總統府正中央那處高塔，但可惜高塔由於壁面龜裂影響安全，拆掉之後也沒有回復原狀。為了彌補這個遺憾，修復單位除了在建築模型上重現之外，在原高塔位置營造了一處意境，透過鏡面投射原理，讓高塔在鏡子的另一端出現。

這座消失的高塔，以公共藝術作品的型式陳列，製作團隊採用強化玻璃纖維樹脂復刻一座倒掛高塔，名為「天

塔」（Reappear Tower），再以地板鏡面反射正立的塔身，包括塔間、紅磚建材與平窗等元素模擬逼真，宛若高塔重生，是逆反時光另一種巧妙的展現，煞是有趣。

五大古蹟法庭——歷史事件原址與模擬法庭

日治時期舊臺南地院建造了五座法庭，不以年代久遠排序，而是依不同功能做區隔，在空間設計上各有美感呈現。第一法庭面積較小，牆體為紅磚建材，屋頂卻是日式入母屋造，覆以黑瓦與鬼瓦；此處設置兩道出入口，一線為法官專用，一線是出庭者。第三法庭面積最大，這裡也是發生於日治時期（一九一五年）武力抗日的「噍吧哖事件」審判處。

欣賞法庭的建築細節，可鎖定天花板、牆面立柱與戶外的廊拱、門窗等處。天花板形式包括了格緣、折上小組格、木楣與混凝土平頂四種。拱結構多用於門窗，而法庭內則出現裝飾為主的「盲拱設計」（拱內部已被填滿，無門窗或通道

功能），大壁面上打造圓拱線腳，讓視覺更加豐富。

為了讓參觀者能更貼近法院並瞭解相關運作，館方開放第四法庭作為模擬法庭的使用場所，每天都有時段開放，每場約需十名人員、歷時約一小時。館方設有劇本、角色扮演分配表與案情摘要表供參與者瞭解，有興趣的遊客可於官網上預約。

消失的密室

門廳左側倉庫空間，北向的牆壁原本封起，並沒有如今內凹如壁爐的牆面，修復時發現日治時期應有這樣的設計，後經查證，隸屬於御真影奉安所，是供奉日本天皇、天后照片的地方。

牛眼窗

建築的對外氣窗設計，有老虎窗與牛眼窗的說法，前者據說是採音譯roof而來，後者則是依外型而定的稱謂。舊臺南地院共有十七樘牛眼窗，規格非常巨大，館內保留有原始的木框成品供遊客欣賞。

維多利亞拼花地磚地坪

華麗精緻是維多利亞時期的設計主調，此處的拼花地磚即承襲當時的特色，幾何圖形式樣地坪用手工一片一片鑲嵌，展現工匠們對於完美的追求。

INFO

地址：台南市中西區府前路一段307號
電話：（06）214-7173
營時：09:00～17:00，週一休。貓道導覽10:00、15:00，每梯次限10名
網址：tnd.judicial.gov.tw/hs

和風

台南市

台南市知事官邸

百年洋樓尋覓文創味

作為裕仁皇太子行啟台灣唯二入住的建築之一，
台南市知事官邸在日治時期歷史軌跡中有其分量。
一九〇〇年建造，
典型的英式殖民地式樣風格語彙處處可見，
紅磚、拱廊與山牆上的雕刻，
襯托出老屋的優雅姿態。
以往是首長官舍與貴賓行館，
經過規劃，
如今成為一處品咖啡、賞美學、
買好物的絕佳地點。

知事官邸與御泊所

台南在日治時期的行政地位，按時間進程依序可略分為縣級、廳級與州級；不管在哪一個層級，最高首長通稱「知事」；而為了知事居住所興建的官舍，便是知事官邸。台南市知事官邸從明治三十三年（一九〇〇）興建起，就迎來不同時期的區域劃分，因此，這座百年建築曾作為縣知事官邸與州知事官邸使用，也曾是日本皇族赴台下榻的御泊所（貴賓行館）。根據史料，有超過二十位皇親國戚造訪此處，包括裕仁皇太子，彰顯了這處史蹟的重要性。

英國殖民地式樣設計

台南市知事官邸採用和洋二館方式興建，這樣的配置，在明治維新時期的上流階層相當流行，設計者為建築主任明田藤吉。「洋館」是一座二層高的建築，設計手法偏向英國在南洋的殖民地式樣，重新整修後，在二〇一五年交由高青時尚集團經營管理；「和館」則尚在維護整修中。

紅磚、拱廊與灰泥裝飾

洋館屬於磚造建築，大量紅磚搭配灰白泥牆裝飾，散發著古典與優雅氣息；正中與兩側均以八角形展現，部分磚柱以直線白泥裝飾，更顯立體樣貌。現今的屋頂立面山牆是一座簡單的三角體，這是整修後的模樣——原本是一座造型華麗繁複的弧形山牆，因外型酷似一台座鐘，被台南市民暱稱為鐘樓，後因損壞而不復見。

BOT案賦予老屋新生

洋館左右兩側皆有附屬建物，其中，左側二樓部分為一傳統和式空間，這是當年裕仁休憩之所，館方將它布置成一個簡單的起居空間，也用圖文介紹裕仁當年到台灣巡視的事蹟。

由於被列為市定古蹟，官邸內外都依原樣整修，包括門窗的顏色也是原始色調；窗戶部分是台灣最常見的上下開窗；窗簾盒則跳脫一般簡單的木板設計，設計者在此下了令人驚喜的巧思，增添了點雕刻工藝；就連樓梯間的欄杆扶手也有雕刻

紋路；二樓地板還保留著木造建材，館方限制參觀人數予以保護。

微城市裝置藝術，不同的美學體驗

高青開發公司以「我的美好時光」主題，為老屋注入不一樣的美學感受；在懷舊的空間裡與知名品牌結合，希望旅客能從細微處認識古蹟之美，也能感受屬於台南的文化底蘊。

在空間規劃上，最明顯的是一座座有著迴旋樓梯式的陳列架，這是由台南知名設計師劉國滄工作室創作的微城市裝置藝術，利用金屬、木頭與ＬＥＤ等媒材，表現古蹟裡的城市樣貌。在作品的細節處可發現台南古蹟元素，諸如衛塔、牛眼窗、拱廊等。微城市主題在官邸共有五處，有興趣者可以慢慢欣賞。

一樓空間有一九〇〇食光餐館、花見小路京都手作鞋等品牌經營。二樓有品東西家具館進駐，歐式復古家具的基調，很契合這棟建築的氛圍。

一九〇〇食光餐館是高青集團的自營店，以早午餐、下午茶輕食為主，招牌料理是胡桃木煙燻櫻桃鴨。花見小路主打手工鞋作，用日本面料製作舒適好走的平底鞋；鞋面的花紋與圖案風格別具，深受女性族群青睞。

衛民街地下道3D壁畫

從官邸豐富的活動可看出活化古蹟的積極性，每個週末都會舉辦草地市集，吸引大家來此遊逛。而位在官邸對面，原本陰暗的地下道，由新台灣壁畫隊彩繪3D畫作，以「再現鳳凰城」為主題，展現鹿群、森林與古城的樣貌，透過立體視覺的引導，讓人有置身其中的感受，是參觀臺南知事官邸外一處很棒的順遊景點。

山牆模擬板

官邸的弧形山牆因損壞而消失，館方運用巧思讓舊景重現。這處標示著官邸名稱的牌板上，以鏤刻手法表現原始山牆的模樣。只要觀賞的角度正確，就能與後方的官邸建築結合—第一代的官邸景色就在眼前。

上下開窗

官邸內的窗戶全屬於上下開窗模式，這是利用隱藏在窗框內的鐵錘重量，以節省開啟窗戶的力量，來自於槓桿原理的作用。

灰誌

館內特別保留的建築工法，這是決定粉刷石牆面厚薄基準的標誌。官邸是用木頭材料做成；如今多以磁磚作記號。

INFO

地址：台南市東區衛民街一號
電話：(06) 236-7000
營時：10:00～18:00，週一休
網址：www.otmr.com.tw

和風

台南市

八田與一紀念園區

嘉南大圳之父故居巡禮

嘉南大圳工程歷經十年，
以八田與一為首的團隊
在這期間常駐台南官田，
大批的技職人員宿舍在一九二〇年興建，
預估有六十八棟、二百三十四戶人家，
範圍最遠到嘉南國小一帶，
儼然形成一處聚落。
為紀念八田與一在此建設，
西拉雅國家風景區管理處重建修復其中四棟官舍，
規劃為紀念園區，
讓遊客瞭解烏山頭水庫當年興建的背景故事。

因為興建台南烏山頭水庫與嘉南大圳，讓嘉南平原成為台灣最大穀倉，工程技師八田與一被譽為「嘉南大圳之父」，是日治時期重要人物。他於一九一〇到一九四二年經常往返台日，其中水庫興建的一九二〇到一九三〇年更是常駐當地。為照顧大批工作人員及眷屬的起居，日本政府在此興建職務官舍，是為「公共埤官佃溪埤圳組合」員工宿舍，包括獨棟、雙拼與連棟式建築等，還有網球場、電影院等娛樂休閒設備，全盛時期有超過二千人在此生活。

遠赴金澤考察建造工法

光復後，水庫由水利會接手，這些官舍也曾安排給水利會的高等職員入住，但因木造結構維護不易，致使多棟建築頹敗，西拉雅國家風景區管理處在二〇〇九年將之列入修復計畫，並成立

「八田與一紀念園區」，於二〇一一年八月五日開放。

宿舍區挑選四棟屋宅進行重建，包括八田宅、田中及市川宅、赤堀宅及阿部宅，都是曾在此任職的日本技師群住所。

四棟屋宅格局大同小異，只在居間規劃與面積大小上因職等不同而有分別。為了完整呈現當年的建造格局，以求原樣貌重現台灣土地上，設計公司特地前往八田與一的故鄉日本石川縣金澤市實地考察。

穀倉書房挑高設計，展現洋風

八田宅是園區裡面積最大的一間，光建物就有五十坪左右。八田與一任職出張所所長，除了既有的格局，西側的挑高空間是他後來升職時所加建，屬於書房空間。

這棟宅邸屬於寄棟造屋根，採獨棟建築設計，和室空間與最右側的阿部宅一樣，只多了間洋室與增建的書房。原始房屋因年久失修已經毀壞殆盡，僅存地基部分，施工單位整棟重建，木建材使用九成以上的檜木打造，還邀請日本技師來台協助興建。

格局中最特別的當屬挑高出入書房區，這是八田與一赴美國出差回來後興起的設計想法——一米八的身高進出低矮的日式門框相當不便，他喜歡美式穀倉挑高的規劃，便將書房仿造興建，是園區少見的洋風款式。

純和式阿部宅靜謐悠閒

阿部宅是園區裡唯一純和風設計的空間，最初的居住者為阿部貞壽，任職堰

堤系長的職務，也曾接任出張所所長。這棟建築在其離職後曾作為俱樂部、招待所使用，為獨棟式設計，同樣屬於寄棟屋根，空間格局包括有客廳、主臥室、廚房等，牆體採用竹編夾泥牆，也是整棟重建的屋舍。

建築內的文物擺設都是石川縣當地的捐贈物品，部分具有保存價值，以輪替的方式逐一展示。座敷（客廳）空間按照傳統規格設有床之間，目前作為主題陳列架。例如適逢日本女兒節或男兒節期間，就會展出具代表性的娃娃或盔甲，是參觀老屋之外另一種認識日本文化的途徑。另兩棟赤堀宅與田中及市川宅拼居所，除了前者多了間洋室、後者面積較小外，與阿部宅無太大差異。

倉庫變身３Ｄ動畫館

要瞭解八田與一在台灣的事蹟，可在園方規劃的３Ｄ動畫館一一閱讀，這棟建築前身為出張所附設的倉庫，是同一時期興建的空間。館內以３Ｄ

動畫、立體壁畫及圖文介紹烏山頭水庫的興建大事件與年代表；其中，立體壁畫以鉛筆畫描繪二〇、三〇年代的日本街巷，可在此拍攝留念。

整個館內最珍貴的，莫過於一張張工程相關的黑白照片，其中有烏山嶺隧道的施工實況照片，令人印象深刻。當年投入大量人力與建設，就為了讓曾文溪經由此引向烏山頭水庫，以豐沛灌溉水源；由此不禁感嘆，如今所享有的便利，都要感謝前人的篳路藍縷。

八田與一夫人銅像

一九四二年八田與一因意外去世，與他鶼鰈情深的夫人八田外代樹在日本戰敗後，也因為緬懷先夫而在烏山頭水庫出水口投河殉情，後人對他們的情意深深感佩不已。由日方工匠雕刻的夫人銅像也在園區展示，姿態栩栩如生。

台灣島形水池

八田與一曾在台灣各地考察水利建設，故居的後院也打造了一座台灣島形的水池，以不同的石塊標示他所參與的工程；除了嘉南大圳，包括桃園大圳、日月潭發電廠與高雄、花蓮港等地，均是八田技師最常凝望觀察的角落。

INFO

地址：台南市官田區嘉南里66號
電話：（06）698-2103
營時：週一到五09:00～12:00、13:30～17:30，週六、日09:00～17:30。
導覽：10:00、15:00。日式建物採每週輪替方式開放供遊客參觀
門票：全票200元
網址：wusanto.magicnet.com.tw

和風

台南市

原臺南州立農事試驗場宿舍群

東門城區洋溢京都和風

日治時期日本政府在台展開建設，其中也包括農業試驗。原臺南州立農事試驗場宿舍群就是作為赴台官員的住所而建造。這處聚落於大正十二年（一九二三）完成，目前僅存一棟場長宿舍、二棟丙種、二棟丁種宿舍，列為市定古蹟後重新整修。依不同的空間規劃主題館，並且對外開放。

日式官舍階級看門道

信步走在離台南東門城不遠的府東街與東門路街巷，沿途水泥建築聳立，忽見數棟日式屋舍矗立其中，都市氛圍瞬間轉換成日本江戶時期的風情。放眼望去，綠草如茵的庭院中，有穿著傳統浴衣閒適散步的三兩人群，這是進駐老屋的商家「納涼屋」服務旅客，提供餐飲和浴衣穿著的體驗——這場景，讓人彷彿走進百年前的時光廊道中。

判任官舍下轄四種格局

納涼屋所在空間是原臺南州立農事試驗場宿舍群其中一處，一街之隔的林森路，是當初試驗場的辦公區。為了照顧在此任職的人員，場方在東門路二段一五八巷、府東街一帶興建宿舍。

依照臺灣總督府官舍建築標準，對於職等高低規劃了「高等官舍」及「判

任官舍」；其中，判任官舍又區分為甲乙丙丁四種規格，納涼屋屬於丁種宿舍，面積較小，多為一般職員居住。試驗場宿舍群僅存五棟建築，除了尚在整修的場長宿舍（高等官舍第二級）外，包括納涼屋在內的還有四棟建築，隸屬於丙種、丁種設計，已有不同單位進駐，並且開放參觀。

台灣最多丙種、丁種宿舍

丙種宿舍為雙拼格局（二戶），採寄棟屋根營造；丁種宿舍多是連棟規劃，在此設計成二戶連棟，屋頂也是較為簡單的切妻屋根（二披水人字型屋頂）。

兩種宿舍規格無太大差異，只在面積與隔間上有不同。屋頂全覆以日本薰瓦，屋脊尾端以鬼瓦收邊，外牆使用傳統雨淋板被覆，內牆則是編竹夾泥牆（日本稱「小舞壁」）工法，屬於真壁造，多運用在民居與宿舍、佛寺建築。

老屋新貌：玩工藝、穿浴衣

試驗場在光復後陸續作為台南縣立農事試驗場、台南縣立農林總場及台灣省台南區農業改良場。一九九〇年改良場由此遷出，宿舍群也一度荒廢，後經台南市政府重新整修，邀請商家及相關單位進駐。

納涼屋在二棟丁種宿舍營運，丙種宿舍則有中日交流協會與水上町交流協會在此設點。以和風為主題的場域，讓每位到訪的旅客有身處日本的感受。

水上町交流會
群馬縣水上町
東京搭JR 66分
一緒に遊びましょう

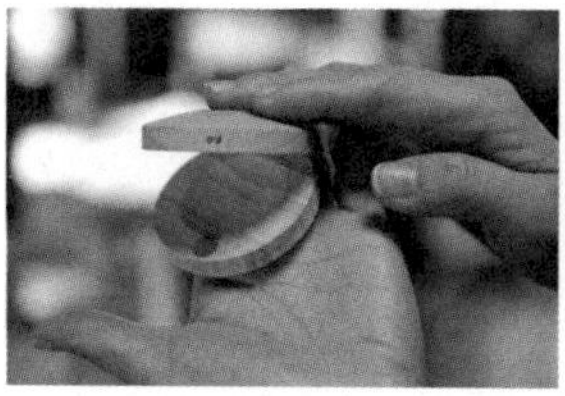

水上物語交流館

水上町是日本群馬縣北方的城市，離東京約五十分鐘車程，除了擁有溫泉祕湯、精采野外活動，最值得體驗的，就是當地的工匠傳統藝術。

為了將家鄉的旅遊資源介紹給台灣朋友，水上町特地在宿舍群設置據點「水上物語交流館」，將草木（植物）染、玻璃與和紙文化帶到台灣，旅客們不用遠赴日本，就能參與有趣的日本工藝ＤＩＹ活動。館方會依不同季節與活動安排陳列品，並且不定期舉辦如試吃會、體驗會的短期活動，有興趣者，可留意交流館的臉書官網訊息。

納涼屋

由台南市圓夢關懷協會經營的納涼屋，如今已是當地熱門的打卡據點。協會標得宿舍群的二棟丁種宿舍經營權，以純和風主題設計，Ｃ棟主打浴衣體驗與茶道分享；Ｄ棟規劃為日

式餐館，提供特色餐飲與文創商品的販售。

浴衣體驗由專業的老師指導協助，遊客可在花樣繁複的浴衣款式中挑選自己喜歡的，不分男女老少都能嘗試。穿衣的過程大約五到十分鐘，遊客可在宿舍群周邊漫步拍照；若想嘗鮮，不妨選擇「大東夜市專案」，穿著浴衣前往夜市走走逛逛。

餐館將宿舍的兩戶打通，成為一處寬敞的用餐空間。主打的招牌料理為納涼套餐，這是一套包含風味刈包、沙拉、茶點、飲品的美味。茶品推薦與「二一茶栽」合作的經典台灣茶；咖啡使用的是大林地區的咖啡豆；茶點中的丹莉蛋捲美味可口，不妨嘗嘗。

老屋空間韻味十足，時常舉辦講座；而假日市集與不定期野餐活動，則是親子族群的最愛。每位到訪的遊人，讓安靜沉寂的老建物，重新有了溫度及生命力。

吊飾娃娃

水上物語交流館館內懸掛了不少可愛的娃娃吊飾，這是日本女兒節期間會擺出來的裝飾，有蔬果、動物，也有人形，每一種都有含意，譬如貓頭鷹代表招福、南瓜代表財運、柿子代表長壽、三角袋則希望孩子健康等等。

納涼屋

地址：台南市東區府東街21巷18號
電話：0909-999-625
營時：11:00~20:00，週三休
費用：納涼套餐250元。浴衣體驗：女400元，男300元，孩童200元，限時1小時，每加1小時加收100元。大東夜市專案400元。（價格僅供參考，實際費用以店家公告為主）
網址：www.facebook.com/kuruya625

水上物語交流館

位置：原臺南州立農事試驗場宿舍群丙種官舍A棟
營時：09:30~17:30，週三、四休
網址：www.facebook.com/MinakamiMachi/

浴衣穿著步驟

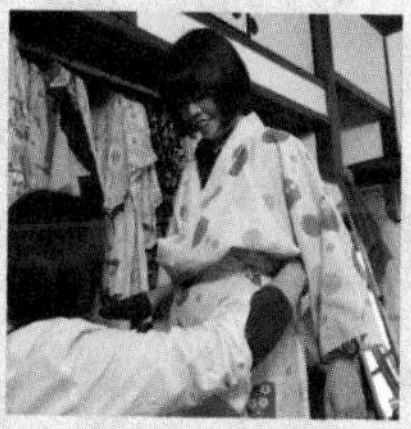

STEP1—挑選浴衣

依自己喜歡的圖案或花色挑選浴衣，內裡衣物盡量輕薄為主，商家不提供妝髮服務，長髮女性遊客建議束髮，以乾淨俐落為佳。一般除了浴衣，還須準備固定繫綁用腰帶、角帶（外層花紋腰帶）。

STEP2—留意衣襟交疊位置

須特別留意衣襟交疊的正確位置，浴衣及壽衣穿著差異只在，浴衣為左上右下，壽衣為右上左下。穿著時，要保持背部中線不偏移，才能有立挺的姿態。

STEP3—繫綁腰帶

這個步驟可讓浴衣的穿著有標準的姿態。須選擇相近色系的花紋腰帶繫綁；內裡可墊襯一塊硬板支撐。

STEP4—繫綁蝴蝶結

腰帶結要綁於後背，通常是蝴蝶結形狀，有專人協助，可變換花樣，做出一重、二重或多重蝴蝶結的綁法。

總爺藝文中心

老糖廠翻新，展現和洋建築風華

台灣從荷治、明清時期便是日本主要的糖業進口地區，因此在日治時期戮力拓展製糖廠，且多集中在東部與中南部。工廠幅員廣闊，職工眾多，形成村里聚落，辦公處所、宿舍與俱樂部應運而生，這些老建築走過歲月更迭，成為歷史的見證，除了作為古蹟供後人欣賞，諸多糖廠也在不同主題規劃下成為旅遊的去處。

總爺藝文中心前身為麻豆糖廠，日治時期由明治製糖株式會社於一九一二年起造興建。廠區面積約有三十七公頃，連同職工宿舍在內，預估興建超過七十六棟建築，其中，辦公區域的部分有四．三公頃；使用空間有作為辦公室的紅樓、作為員工俱樂部的招待所、作為餐廳的紅磚館及廠長宿舍等，這批建物群在一九九九年列入台南市定古蹟，連同日式庭園、百年樟樹群，一起見證糖廠走過的風華時光。

老糖廠從藝文角度出發，原本的閒置空間轉型作為藝術作品的陳列館；偌大的草坪區則是裝置藝術的伸展台。在百年樟樹隧道下輕鬆漫步，串連附近的蔴荳古港文化園區，就是一趟欣賞和風建築之美的快樂旅程。

INFO

地址：台南市麻豆區南勢里總爺5號
電話：(06) 571-8123、571-8088
營時：09:00 ~ 17:00，週一、二休
網址：tyart.tnc.gov.tw

木構招待所——員工休憩俱樂部

木構招待所是糖廠內四棟古蹟建築中最早完成的一處，為全木造空間，屬於二層樓的民居式樣。屋頂為寄棟造作法並覆以黑瓦，外觀最特殊處在二樓緣側外的雕花欄杆，兩側並設置有儲放拉門的戶袋；特別一提的是，雨淋板使用長條尺寸是較為少見之處。

內部設計為活動場域及房間，一樓作為交誼廳，房間位在周邊與二樓區域，目前一層是關於台灣製糖業與糖廠發展的圖文介紹，也包括部分招待所的建築過程。

館內屋架採用真束小屋組（西式木架結構），牆壁是常見的真壁式樣（編竹夾泥牆）。因招待所歷經多次整修增建，原始格局不可考，一樓有一方空間疑為原本浴室，天花板結構特殊，採內凹設計，是台灣日本房舍中不曾見過的造型。

二樓空間相當寬敞，目前作為茶室對外開放，供應牛蒡茶、煎茶與傳統手作麻糬茶點。這裡最棒的角落是緣側區的座位，午後時分，透過玻璃窗灑進的斜陽溫暖和煦，值得花點時間在此享受靜謐。

INFO

營時：10:00～16:00，最後點餐時間15：30，週一、二休
費用：小壺組合（1杯茶、傳統手作麻糬2顆）100元，麻糬50元／份

紅樓——糖廠本部辦公室

興建於一九一一年，主要為紅磚造建築，採洋樓設計式樣，正門立面有左右兩側樓對稱；口處與延伸出來的廊亭區域使用木柱支撐，門廊綴以雕花板裝飾，散發優雅風格。

內部屋架採大跨距結構，最獨特處在於木造樓板與八角造型的樓梯扶手，這與招待所設計相同。此間原是糖廠本社辦公所在地，主棟後方附有長方形屋舍，成立藝文中心後，此作為特展空間。

INFO / 營時：09:00 ～ 17:00，週一、二休

紅磚工藝館——仿巴洛克式古典門飾

由明治製糖株式會社建造之員工食堂，屬於俱樂部的範疇，原始格局有區分貴賓與一般用餐區，後來經過多次改建，唯一不變的區域只有餐廳與西、南側的木構廊道。

建築體為洋風設計樣式，紅磚建材與仿巴洛克式門飾散發古典優雅韻味，窗簷上的白色拱心石與窗台是基本元素。本區主要特點在於大門設計，不同於紅樓與廠長宿舍使用木結構，改以紅磚搭配灰泥材料，兩側大型立柱為RC材質的扶壁柱造型，門廊則是西方常見的山牆作法，都是欣賞此棟建築的美學亮點。

INFO／營時：09:00～17:00，週一、二休

廠長宿舍——沉浸和風時光

此處包括庭院面積廣達一千多坪，是園區內最具日式風情的角落。廠長宿舍使用日本官舍建造，一開始作為社長宿舍使用，光復後，改為總廠長（明治製糖株式會社全台製糖廠最高長官）宿舍與第二公差宿舍。因應不同時期設計，宿舍原本僅興建中央區域，後來陸續增建東側與西南側區域。建築為全檜木建材，覆以黑瓦屋頂，對外可欣賞高大楓香的四季變換，十分愜意。

INFO／營時：09:00～17:00，週一、二休

百年綠色隧道——享受涼風徐徐

日人設計居宅很重視環境綠化，幾處日治古蹟都可看到百年樹群。總爺園區內就保留了這樣的美景，在辦公廠區與舊有宿舍群落（現今的綠色廣場）之間，廠方種植了綿長達二百公尺的老樟樹與茄冬，茂密的樹冠為步道形成天然的傘狀屏障，不管在百年前或二十一世紀的現代，都是很棒的散步休憩道。步道旁擺設有創意郵筒與造型路燈裝置藝術，是享受涼風徐徐之餘，另一種文創鑑賞。

蔴荳古港文化園區

四百年前，此區隸屬於平埔族的麻豆社，因有麻豆溪流經，形成繁華的港口經濟，原本港區因陸化消失，而後在原址考古重現，規劃蔴荳古港文化園區及倒風內海故事館以陳列相關文物史蹟。園區靠近首都大學，是一處帶狀式公園，除了古河道之外，還有珍貴的水堀頭古碼頭遺址，斜坡處便是船舶上下的河道起點。

倒風內海（意指潟湖）故事館建築擷取平埔族竹管厝與閩式紅磚樣式設計，波紋外牆與斜面造型仿造潟湖內波濤起伏的樣子。

館內共有三個樓層，分別以出土文物、蔴荳港傳說與倒風內海故事特色規劃，是瞭解古麻豆歷史的知性去處。

INFO

倒風內海故事館

地址：台南市麻豆區南勢里南勢87-30號

電話：（06）571-8088

營時：週三到五09:00～12:00、13:00～17:00，週六、日09:00～17:00，週一、二休

高雄市

高雄武德殿

武道精神重現歷史建築中

興建於大正十三年（一九二四），
屬日治後期的建築物，
採和洋風格的設計手法，
擁有日式屋頂、洋式磚造牆體；
最大的特色在於，
正門唐破風屋簷、羅馬式樣立柱，
以及左右兩側的箭靶形浮雕，
和洋風格共融，展現典雅細緻的風情。

武德殿系統起源於明治二十八年（一八九五），由日本京都成立的「大日本武德會」發起，崇尚推廣武術精神，應運而生的建築為武道館，管理者通常是警察廳署。日治時期這樣的概念也在台灣積極散布，各縣市州廳大量興建武道館，高雄市武德殿便是其中一處。比較不同的是，其他武德殿建築多稱為「演武場」，高雄當地則名為「振武館」，可見振興武術的作用大於演練武術的功能。

這棟建築矗立在壽山山麓的山坡高台之上，基台建設就地取材使用咾咕石，而架高建築基座的設計，一方面是為了方便安置劍道或柔道所需的結構，另一方面有接受仰望崇敬之意。高雄武德殿於一九九九年列入市定古蹟，修復後，於二〇一六

武德殿

年交由高雄市文化局管理營運。館方除安排專人導覽介紹之外，也將場地租借給高雄市劍道文化促進會使用，在固定時段教授不同級段的劍道課程。

兩種破風式樣設計

不同於台灣其他地區的武德殿建築多設置於鬧區中心，高雄武德殿落腳於寧靜的登山街上。還沒走進大門就隱約聽到劍道學習者的呼喝聲，充滿著力量與英氣，讓這處已經九十四歲的歷史建築瞬間有了激昂的生命力。

武德殿的設計有其基本元素，高雄武德殿也不例外，入母屋造式屋頂用高壓水泥瓦覆蓋；垂脊及中脊尾端用鬼瓦收邊，洋溢和式風情。

原本在正面屋頂斜坡處設計一座千鳥破風虎窗（近似山形牆），後期改建時已去除，過往樣貌只能在斑駁的黑白照片得見。特別一提的是，這裡與台南武德殿相同，在門廊處均採用唐破風樣式，有異於台灣其他地區僅以千鳥破風做立面造型。

外牆設計融入洋式風格

整個館殿體使用磚造建材，外牆覆以清水磚、混凝土及洗石子三種材料，上下為灰泥色調搭配中段的紅色砌磚，展現洋式風格。這裡砌磚的方式採用「一皮順磚一皮丁磚」的平英式砌法；紅磚亦是來自台灣煉瓦株式會社的TR磚。

窗戶設計展現多元手法，由上至下共有三種造型：上段是旋轉推窗，中段是上下拉窗，下段為左右開合的木板氣窗，充分考量了空氣學的條件，讓在內活動的人員能有效達到散熱的目的。

館內另一處洋式設計在大門門廊的四面立柱之上，每一角邊均有三根立柱；柱頭簡約低調，屬於羅馬式的托次坎柱式（Tuscan Order），此延伸自希臘立柱而來。石柱二圓一方，代表武道者應具備外圓內方的性格，也有期望習武者能在剛硬的力量之外，不忘柔韌的基本精神。

宮本武藏傳人規劃劍道課程

武道的學習項目很多，基本的就有劍道、柔道與弓道（射箭）；前兩者的練習場地需要不同的地面結構，因此，武德殿的木地板之下都有精密的力學支柱。高雄武德殿左側為柔道場地，地面具有彈力，試著蹦跳，會有些微回彈的作用力，此為防止柔道士在摔打中受傷；右側為劍道場地，這種武術需要氣勢，因此打造的木地板則相對硬實。

因武德殿的陸續修復，台灣各地相

繼開辦劍道學習課程。高雄武德殿與高雄市劍道文化促進會合作，每天均有課程開辦。劍道文化促進會負責人是劍道教士八段的陳信寰老師，他是宮本武藏兵法二天一流第十一代宗家，也是台灣唯一的宮本武藏傳人。有意學習劍道者可向協會報名；意欲長期學習者，因須穿著厚重的劍道服，建議國小一年級以上學童為佳，男女皆可收。

箭靶形浮雕

高雄武德殿外有六座箭靶形浮雕，是台灣武德殿唯一的特殊設計，主要呼應武道裡的弓道。因此處並沒有規劃射箭場，設計者便以浮雕替代。

神龕

一般武道館內正中位置會放置神龕，供奉天照大神；進入武道內要行禮鞠躬，以示對其尊重。

注連繩

原本只出現在日本神社的注連繩也現身於此，主要傳遞日本祭祀文化精神。注連繩是用稻草編織而成的繩子，神道中用來潔淨的物品，尺寸大小不一，最寬者直徑甚至達數公尺，通常與秸稈、紙垂一起懸掛在神社正殿大門處。

INFO

地址：高雄市鼓山區登山街36號
電話：（07）531-7382
營時：10:00～18:00，週一休。假日免費導覽10:30、11:30、14:30、15:30
費用：劍道課程：一般劍友5000元／年，初中高級學員1500元／月（費用以該協會公告為主）
網址：www.facebook.com/butokuden1924

高雄市

旗山火車站

洋溢維多利亞與哥德式風情

二〇一六年四月，
曾行駛於旗尾鐵道的三五三號蒸汽車頭，
回到修復完畢的旗山火車站，
讓原本有站無車的站體回到了百年前的時光。
火車站建於大正二年（一九一三）至大正四年，
西方的維多利亞與哥德樣式設計，
有如童話故事中的糖果屋，
為旗山老鎮增添魔力色彩。

「嗚、嗚、嗚！」豔陽下的正午，安置在旗山火車站的蒸汽火車頭響起汽笛，冒出了蒸騰的白煙，告訴乘客們坐穩，準備出發。看著車廂內一張張興奮的小臉龐，旗山似乎回到了昔時通勤往來的熱鬧景象。

旗山火車站歷經修復後，於二〇一六年四月正式對外開放，在高雄市文化局的規劃下，靜態的展覽轉型為糖鐵故事館，有老火車頭助陣，有五分鐵道、花園與甘蔗板車營造舊時氛圍，孩童們人手一支糖廠冰棒，玩得不亦樂乎。歷史園區要變得好玩，這處多元的糖鐵故事館便是最好的例證。

製糖株式會社打造五分車鐵道

細述旗山車站的故事得提到日治時期。明治四十三年（一九一〇）高砂製糖株式會社在此搭建九曲堂到旗尾的鐵道運輸，主要作為製糖原料的運送，其中經過的蕃薯寮車站，便是如今的旗山站。那個時期非常流行巴洛克式風格，車站前中正路（旗山老街）上羅列多棟仿巴洛克式風情街屋，便是在此潮流下興建；車站的設計也跟上這股歐風，仿都鐸半木構設計，在台灣非常少

見；站體同時具備哥德式樣與維多利亞式樣，更屬難得。

哥德八角尖塔與日式屋頂，和洋風情共融

大門右側的八角形尖塔散發濃郁的哥德風情，屋頂使用銅瓦建材被覆，取代最早的石棉瓦材料，以魚鱗片狀呈現，不同於左側斜坡屋頂採用菱狀格紋作法，也是特別之處。

維多利亞手法則展現在白色外牆與木格狀裝飾，讓車站具有歐式貴族般的典雅風情，令人驚豔。

正門左右兩側以不同的屋頂形式設計，左邊為洋式、右側為日式，尖塔與三角形式山牆格局區隔出和洋風貌——日式屋頂偏切妻造樣式。比較特別的是，在側面多了一片板，這樣的造型屬於腰屋根類型，在台灣日式建築中比較少見。

德式雨淋板工法台灣少見

車站外牆下層部分以木製雨淋板搭建，有別於常見的英式作法，這裡採用德式雨淋板，即是以卡榫的方式，讓木板一片接一片組合起來，如此也能達到防雨的功效。大門水泥雨遮區域是台糖公司後來改建，舊照片裡的原始車站圖只設計一個簡單的遮雨屋簷，類似日式格局的車寄空間（屋前的入口處），修復單位保留了二代正門的樣式，也讓眾人見證車站所歷經的時代變革。

後方的月台依原樣打造，特殊之處在於簷廊立柱設備，一般都採用鋼構建材，根據解說員導覽，此處用的是鐵軌，弧形部分也以原建材燒製，很有歐式風格。

糖業故事館——看旗山光影

老車站以糖業故事館呈現，在二〇一六年六月開放參觀，原本的車站也改裝為陳列館，以九大主題介紹台灣糖業歷史，包括「旗山時光」、「糖國鐵道」、「光影糖鐵」、「軌距切片」、「飛天旗尾線」、「小鎮車站」……等。

其中，「軌距切片」以圖片模板介紹各式新舊火車頭，也實地打造寬窄軌的鐵道，讓遊客瞭解所謂的鐵道軌距是怎樣制定的。

小鎮車站展區是懷舊文物陳列，在此可欣賞各時代的車票樣式，其中還包括一件老站長的制服。

飛天旗尾線——懸於天花板，煞是有趣

最有趣的，莫過於懸在天花板的飛天旗尾線模型，這是仿造旗尾線打造，小火車繞著橢圓軌道行駛，還不時會發出鳴笛。

火車經過的站體都依原比例縮小十六倍製作，在此可見到可愛的旗山車站與九曲堂車站，讓人興起一訪眾車站的念頭。

館內規劃有紀念品販售區與冰品攤。紀念品包括車站模型與香蕉有關的糖食餅乾；冰品攤由旗山老街知名店家枝仔冰城設點，供應蔗糖風味的清冰、聖代與枝仔冰，是參觀之餘可以選購與品嘗的美味。

站體抬升

老車站地勢低於市區道路，逢雨必淹，修復單位以抬升地基的作法解決此一問題。工程耗時且困難，包括以鋼材穩固站體，再以人力一層層架高；底部用現代的鋼筋混凝土打實，以加強結構。此一工程讓車站原本低於路面約二十二公分的落差，在提升六十五公分後，始高於路面約四十公分。

老蒸汽機車頭

此列台糖編號三五三的老蒸汽機車頭曾在旗尾線服役，原本在橋頭糖廠展示，後因火車站借用而轉移到此處。火車頭是比利時TUBIZE公司在一九四八年製造，屬於三動軸飽和蒸汽機關車，重達十二．五噸，於一九七七年除役。

客運車廂

於此陳列的客運車廂，是當年的運輸工具，提供旗山居民往來南北採買或唸書的服務，據說連副總統陳建仁先生也曾經搭過。內部設置為雙側長條椅座；館方為加強臨場感，特地節錄火車運行軌道上的聲音播放。這是故事館最受歡迎的一項設施。

INFO

地址：高雄市旗山區中山路1號
電話：（07）662-1228
營時：週一到五10:00～18:00，週六、日10:00～19:00，週二休
導覽：假日11:00、13:30、14:30、15:30、16:30、17:30
門票：30元
網址：cishanstation.khcc.gov.tw

高雄市

旗山碾米廠

探訪稻米文化的歷史軌跡

一九四〇年後，世界局勢緊張，
日本政府對於糧食管控也更為謹慎。
彼時在高雄州境內規劃有十六座米倉，
旗山碾米廠是其中面積最大、
設備最先進的一處，
當年因應潮濕氣候所設計的
通風設備與碾米機具保留至今。
從一九四一年完成以來，
旗山碾米廠走過七十七個年頭，
列入高雄市歷史建築名單之後，
是遊客們見證南部稻米文化軌跡的珍貴據點。

作為稻米產地，日治時期總督府在台灣花了不少心力改良米種與儲放的空間，從大正時期以來，建設大小農業倉庫超過百處，多數擁有碾米與儲放的功能。這類建築師著重在使用層面，少有精雕細琢的手法；難能可貴之處，在於空間與大自然、氣候等方面的考量，從而認識日本人在物理層面的精細態度。

數十年前的農業倉庫雖然多使用水泥、紅磚搭配木造建材規劃，但多數逃不過歲月的侵蝕，原先百來間倉庫，至今僅存不過一、二十間；較具代表性的有宜蘭二結穀倉、彰化福興穀倉與旗山碾米廠，娓娓訴說那個送米、檢米與碾米的質樸年代。

南北兩棟米區各負功能

旗山碾米廠興建於昭和十六年（一九四一），目前由旗山區農會管

理。高雄市文化局在二〇〇四年公告為歷史建築後，依原樣修復，曾於二〇一四年開放參觀，後因二〇一六年美濃大地震造成毀壞閉館整理，於二〇一七年底完成修復後，重新面見世人。

碾米廠面積大約二千多坪，空間略分為兩個區域，分別是南棟的稻米進貨區與儲米倉庫，以及北棟的碾米廠，建築物呈T字型規劃，均為切妻造屋頂，覆以日本黑瓦。在南棟部分多了越屋根（太子樓）設計，主要為採光通風用，建材使用木造，外覆雨淋板；延伸出來的雨庇廊道，是光復後增建，曾一度作為米糧儲存空間不足的備用儲米區，屋瓦使用水泥瓦被覆。北棟多設了一棟三層樓的高木造空間，這是為了因應碾米設備打造；其他地基及牆面部分，均是紅磚搭水泥施作。

南棟米倉——設計著重通風排濕

南棟米倉設有辦公室、檢米區與十間存米

房。稻農們在檢米區檢驗稻米過關後，便透過存米房外的斗室升降機設備，將稻米運送入倉庫。

為了確保米穀不受濕氣影響，米房的設計考量光線、風力與透氣原理，不僅以紅磚水泥牆砌築以隔絕外部濕氣，在中央還增設通風地道，串連數個直立通氣柱讓稻穀不至於悶潮，可說是最天然的空調房；對外的倉門，也以木心外覆鐵片打造，層層防護就為了珍貴的米糧。

米倉與碾米廠之間的串連不靠人力，均仰賴埋於地底的電力輸送帶。米廠為了讓遊客能對這樣的設計原理有概念，特地以玻璃地面替代輸送帶原本的木造地板——這樣的設計免於人員往來的不便，也讓稻穀減少灰塵覆蓋。看著一條直通碾米區域的輸送皮帶，不禁佩服前人的智慧。

北棟米倉——老式礱穀機坐鎮

北棟可說是米廠的心臟地帶，這裡擁有一具與米廠同樣年紀的礱穀機，這是將稻穀去殼進階為糙米的器械，堪稱廠內的珍寶。礱穀機型巨大，高達三層樓；為了容納這具機器，當年還特別量身訂做三層樓高的空間。機身全以木材打造，連接點部分全以榫接工法進行，連動馬達也有七十七年歷史，修護完善，至今都還能運作，是不可錯過的歷史文物。

建築導覽達人：旗山農會推廣股長**杜文元**

旗山農會資深員工，對於碾米廠的歷史有深刻的瞭解。碾米廠於二〇〇九年十月十二日停工，當時杜文元已經在農會任職多年，是陪伴碾米廠走過歲月的一分子。

儲米量的刻度

早期的度量衡單位不以公升或公尺計算，而是以「噸位」來估量每一間米倉的稻米數。此處的米倉刻度有兩種數字，左方綠字代表天數，右方黑字代表噸數，依此推斷三天的儲米量可達十噸左右。

現代檢米機

稻穀水分過多容易有發霉的疑慮，因此儲放之前須經過曝曬；而要送米至糧食局檢測稻米的水分含量是否達標準，一些檢米器械設備就很重要。此為較先進的稻穀水分檢測計，可快速測量稻穀的水分含量。

INFO

地址：高雄市旗山區延平一路688巷20號
電話：旗山農會（07）661-2515
營時：平日須電話預約，週六、日10:00～17:00
網址：www.chisun.org.tw

哈瑪星古蹟巡禮

老街廓洋溢懷舊韻味

哈瑪星，日語為はません，音讀Hamasen，意指濱線，是一條高雄港邊通往魚市場的鐵道，範圍約在五福四路與鐵路平交道以南，東到高雄港車站（今舊打狗驛故事館）之間，泛指今日高雄南鼓山區一帶。

日治時期日本政府為串連台南到高雄的運輸網絡，在一九〇〇年建造打狗港停車場（高雄驛、高雄港車站），為增加貨運的儲備區域，使用臨海砂石回填新生地，並修築港灣碼頭，在一九一二年完成新市街的規劃，設立了壽町、新濱町、湊町、山下町等區域。

因為水陸運輸的發達，此地工商企業會社與行政機構紛紛進駐，儼然是高雄的華爾街。新區新風貌，林立在街道上的建築百家爭鳴，日式傳統屋宇、和洋折衷樓房處處可見，雖然為了城市發展拆除了不少，還是有部分街廓保留下來。

有意來趟哈瑪星小旅行，可鎖定濱海一二路、鼓山一路與登山街之間走走逛逛，拜訪老車站、日式茶亭與文史工作站，重溫那個南風習習的悠閒時代。

書店喫茶一二三亭——流淌大正時光的百年老屋

哈瑪星旅途，找間咖啡館、茶飲店的計畫不可少。位在鼓元街上，與打狗文史再興會社（前佐佐木商店高雄支店）比鄰的「書店喫茶一二三亭」值得一訪。這間日治時期設立的高級料亭，建於大正九年（一九二〇），原始設計是日式風格，編竹夾泥牆、雨淋板，屋頂結合寄棟與入母屋造式樣，是當時日本商社洽公會談的場所，還安排有藝妓服務。

餐館如今的樣貌因店主人歷經轉換，從料亭到旅館、船務公司，建築也經過修整，結構改為水泥質材，但老屋的木架百年不換——踏入室內往上看即可一目了然。

一二三亭的第一代主人是《薰風》雜誌的創立者姚銘偉，他刻意拆掉天花板，讓木架構裸露，可以一窺造屋時的棟札，也見證此處的興建年代。

一二三亭目前另換老闆，承接以往設立的風格，以優雅、文學氣息濃厚的韻味迎來賓客。店內的桌椅、掛畫等都遠從日本採購而來，希望能重現大正年間的氛圍。

這裡的餐食簡單，咖啡茶飲有義式、單品與台灣好茶；甜品方面推薦抹茶鬆餅，濕潤口感搭配抹茶香，與優雅空間非常契合。

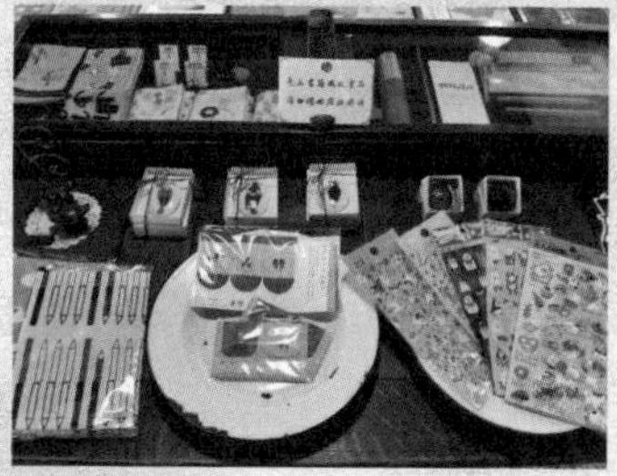

INFO

地址：高雄市鼓山區鼓元街4號2樓
電話：(07) 531-0330
營時：10:00～18:00
費用：簡餐150元、輕食咖啡70元起、甜點60元起
網址：www.facebook.com/cafehifumi

舊打狗驛故事館
高雄港車站文物陳列處

前身為高雄驛、高雄港車站，歷經修整後，規劃為「舊打狗驛故事館」對外開放；以往隔在票口內的工作場域，和車站網絡運行的細節一一展示，讓人們有機會瞭解這處曾是高雄最大貨運集散地的故事。

高雄港車站原址位於故事館附近約八百公尺處，現址是一九〇八年遷移，作為台灣縱貫線鐵道的終點，在客運與貨運史上占有重要地位；二〇〇八年裁撤後，由文化局認養，並改為故事館營運。

原始的車站站體為寄棟造式樣，磚造建材外披雨淋板，屋頂覆以黑瓦，於二次大戰時炸毀。現今樣貌是一九四七年重建，採用磚造、RC與鋼骨建材。

館內維持當年的樣貌，包括貨運辦公室、站長室、會客室等，最右側規劃成鐵道資料室，可看簡介影片、運行圖等；貨運辦公室內保留了行車電報、票櫃、鐵道部木桌等。最特別的是陳列貨單木櫃，這是重點文物，像信箱般的組合層櫃是各商號的收貨格，格上標有圖形與文字，可說是早期的品牌logo之一。

INFO

地址：高雄市鼓山區鼓山一路32號
電話：（07）531-6209
營時：週二到日10:00～18:00，週一休
網址：trm.tw

打狗文史再興會社——導讀百年前的哈瑪星

要知道哈瑪星的古往今來，就不能錯過打狗文史再興會社位於鼓元街的辦公室。會社成立於二〇一二年，契機始於保護老屋與老街區運動，強調文史保存與城市發展互不相斥；在積極參與相關議題的同時，也規劃一系列活動、導覽，讓遊客們能一步一腳印，認識百年前的哈瑪星。

辦公室所在地也是一棟老屋，前身為佐佐木商店高雄支店材木倉庫，與商店緊鄰，相較於隔壁的書店喫茶一二三亭水泥牆體結構，此間全木造的設計更顯歷史韻味。

佐佐木商店建於昭和四年（一九二九），設計偏洋風，二樓外牆與廊道立柱均使用來自蒙古的白色抿石子。倉庫是一棟二層樓建築，雨淋板、木門、木窗被完整保留，可看出老屋的斑駁印記。

室內除作為會社辦公室使用，也是文物陳列與文史諮詢的場所，老鼓山黑白照片、紅磚、抿石子建材殘塊及佐佐木商店的宣傳單等。此外，紀念商品區也有時空旅圖與紀念T恤可以購買。

INFO

地址：高雄市鼓山區捷興二街18號
電話：（07）531-5867
營時：11:00～16:00，週一休
網址：www.facebook.com/TakaoKaisha

哈瑪星鐵道文化園區——變身藝術文化展示空間

作為台灣縱貫線的終點，高雄港車站需要偌大的鐵道場區，而位在舊打狗驛故事館旁那一條條軌道，就是當年火車進站的行駛路線，物換星移，這片區域也因為二〇〇八年火車停駛而閒置，後來高雄市政府與台鐵合作，將此區以歷史建築名義規劃為鐵道文化園區，成為高雄市民休閒的場地與大型藝術活動的展示地點。

整個園區有近十公頃的面積，放射狀延伸開來的鐵軌，是世界僅存完整一〇六七公厘軌距的設備。在不拆撤鐵道的作法下，以綠化園區地坪設計，放眼望去如同大片草坪，適合散步、放風箏。鐵道上展示退役的老火車頭「CT259」及「DT609」具有歷史意義，與緩行經過的輕軌列車相遇，激盪出百年交會的火花。

小朋友最愛的當屬哈瑪星台灣鐵道館的駁二線小火車體驗，這是在駁二蓬萊倉庫群間行駛，列車形狀多元，有一：八〇的縮小復刻蒸汽火車、新幹線及環狀輕軌車身，繞著倉庫周邊運行，約十分鐘左右，很是新鮮有趣。

INFO

哈瑪星台灣鐵道館
地址：高雄市鼓山區蓬萊路99號（駁二藝術特區蓬萊 B7、B8倉庫）
電話：（07）521-8900
營時：週一到四10:00～18:00，週五到日10:00～19:00
費用：門票149元、小火車一次149元
網址：hamasen.khm.gov.tw

登山35哈瑪星再生基地

文化部對於高雄老街廓與社區推出再興計畫補助，「登山35哈瑪星再生基地」就是經過「興濱計畫——哈瑪星港濱街町再生」而修復的莊家老宅。這棟建築位在武德殿附近的登山街街角，建於一九四九年，屬於現代主義建築樣式；格局上最大的特點在於街角的圓弧造型，流洩優雅氣質。一樓與騎樓的天花板以泥塑線腳裝飾，搭配貼滿馬賽克磁磚的內外石柱與磨石子地面，是五〇～六〇年代常見的設計手法。

莊宅共計有三個樓層，修繕後，屋主提供給公部門規劃公益之用，為期一年半，之後可收回或繼續與公部門合作。此為第一處新修案例，登山35具有指標意義，目前管理單位都發局將之作為老屋保存與活化展覽、論壇及成果發表使用，曾舉辦過包含「台灣經典馬賽克磁磚展」、「窗裏有花——高雄老窗花新映像展」；除了靜態展示，也設計了DIY活動，譬如帶領遊客們製作窗花、書衣等，是領略舊社區老屋氛圍的據點。

INFO

地址：高雄市鼓山區登山街35號
營時：週二到日10:00～17:00，週一休
網址：zh-tw.facebook.com/ mountain35URS

和風 宜蘭縣

宜蘭設治紀念館

走入首長官舍的和洋居所

自清代設治城以來，
宜蘭舊城區便是政經中心，
而宜蘭設治紀念館所在的南門園區，
更於日治時期精心規劃，
前身為廳長官舍的設治紀念館，
在時代意義上有著重要地位。
官舍為一處和洋設計空間，
建於一九〇六年，
七百坪的庭園有老樹陪伴，
讓參觀者在古意空間裡，與歷代首長對話。

翻開宜蘭縣治史，長達二百年的光陰累聚了厚實的歷史底蘊。清治時期（一八一二年）在此設立噶瑪蘭廳，首任通判翟淦建立廳署。一八九五年日本進占宜蘭，並設宜蘭支廳、宜蘭廳；明治三十九年（一九〇六）包括廳長官舍、庶務課長官舍（現為九穀日本料理）在內的十四棟建築起造，均位在舊城的南門附近，而鄰近便是一八九六年興建的宜蘭監獄署，整個南門周邊可說是政府機關的所在範圍。

首任廳長西鄉菊次郎籌建

宜蘭的第一任廳長為西鄉菊次郎，廳長官邸由其籌建，他是明治維新重要人士西鄉隆盛之子，於一九〇二年卸任宜蘭廳長並離台，直到一九〇六年官邸完工並無機會入住。

此棟建築採和洋兩種設計風格，左側為傳統日式起居空間，右側為挑高的磚造建築體，作為宴客廳使用。兩處空間總面積約百來坪，均使用來自太平山上的檜木打造。

L型的建造規格罕見

廳長官舍包含庭院總面積約八百坪。日人造屋很注重建築體與自然風光的契合，從官邸庭園裡茂密的樹種及枯山水的設計，多少能想像在此居住時的悠閒與放鬆。室內格局包括有玄關、座敷、居間等，最左側有一區下陷的空間是後期縣長所增建。紀念館最特殊處在於L型的建造規格，如此欣賞後院景致，便有二百七十度角的遼闊感。百年大樟樹的繁盛茂密，白石子營造的枯山水意境，是此間最迷人的角落。

宜蘭設治紀念館是台灣第一處閒置空間再利用計畫實施的成功範例，原本

宜蘭設治紀念館

預計拆撤，後因保護百年老樹而一併納入保存之列，在一九九七年修復完成後開放參觀。

文物館展示宜蘭古往今來

紀念館現由宜蘭縣文化局管理，館內陳列按照宜蘭的發展與歷史作小部分的圖文展示，主要用意在於讓遊客能透過信步閒走，逐一欣賞和風建築之美。當然，在不同的展間也各有主題文物展示，原會客廳規劃成簡報室；座敷區設有床之間、床脇，陳列著日治時期官派證書與清代開蘭三位通判的雕像。館內特別規劃一區原始文物的陳列台，主要是屋瓦的種類，包括鬼瓦、軒瓦、丸瓦等日式屋瓦常用的元素都能在此見到。

INFO

地址：宜蘭縣宜蘭市舊城南路力行3巷3號
電話：（03）932-6664
營時：09:00～17:00，週一及每月最後一天休
門票：全票30元、半票20元、宜蘭縣民免費
網址：memorial.e-land.gov.tw

宜蘭縣

二結農會穀倉

老建築裡的稻米文化旅行

台灣氣候潮濕，
在稻米的保存上需要層層用心考量。
昭和三年（一九二八）
興建的二結農會穀倉，
就考量得面面俱到。
也因其重要的歷史地位，
在一九九八年被列為宜蘭縣定古蹟，
是瞭解早期農會經營與稻米碾製的場所。
在老建築裡遙想早年碾米、儲米的景況，
是很特別且難忘的體驗。

蘭陽平原是出產優質稻米的地區，其中又以五結鄉產量最為豐沛。日治時期台灣各地有不少民間團體成立農業相關的信用組合，其中也包括二結地區（五結鄉舊名），那時宜蘭名醫林木溪兄弟與社會仕紳在一九二〇年創辦有限責任利澤簡信用組合，為今日五結鄉農會前身；數年後，又於二結成立第三事務所，並在當地興建大型的農業倉庫，以便儲藏周邊繳送的公糧，也就是現今的二結農會穀倉。

長窗、拱窗，展現洋式設計風格

穀倉不同於一般官舍或公部門設施，不強調華麗繁複的造型，僅以功能性為訴求，除了儲藏室之外，還包括辦公室與碾米工廠等三個區域。

二結穀倉辦公室為一座挑高的空間，設有四側出口，可通前後門及倉庫

廊道；外牆被覆抿石子材料，偏洋式設計結構；內部格局設有櫃檯、值班室，後方亦設有廚房與廁所。

修復前，木結構幾乎毀壞殆盡，磚牆部分狀況較好，施工時除保持原有建材，也加入新材料補強，所有工程均按照建物原有的藍圖進行。屋頂木架部分為全新打造；窗戶的設計也是當時的架構，細長窗型屬於洋式作法；最上層氣窗使用拉繩控制開合，大量的窗戶使得辦公室內的空氣對流良好。協助解說導覽的大二結文化基金會董事長林奠鴻，就曾聽老員工說起夏日無須開窗就很涼爽的小故事。

阻隔濕氣，層層保護儲米槽

倉庫區是儲放稻米的空間，這裡共打造了十間儲米槽。為了將濕氣阻隔於牆外，設計師做了層層保護——除了外牆以夯實的磚造水泥防雨，與米槽間還多開了一個通道，以減少水氣進入的程度；米槽本身也是紅磚砌築，內層特地再用木板與竹片搭起一層木板牆，用意也在於防止濕氣滲入。

米槽上方無蓋頂，收入的穀糧會從頂端倒入；一旁則設有人員行走的閣樓通道以便作業。基於通風採光的原理，屋頂上端搭設了太子樓，讓屋內熱氣因對流作用往上升而排出屋外，達到乾燥的目的。

在滿室的稻穀之間，另有用竹片編成鏤空的立體圓柱，好讓稻穀有呼吸與通氣的空間，也可藉此順利排出濕氣；紅磚牆上標示容量單位，也開鑿了小洞口幫助散熱。稻穀要運到碾米廠，是利用設置於中間走道下的動力運輸帶；館方特別採玻璃

地板設計，以使遊客對這項器械設備更一目了然。

三層樓高木造碾米機，老當益壯

碾米廠是一處高約三層樓的工作區域，包括碾米設備、動力室與儲藏室等。九十年前的碾米設備必是全木造，只在發動機部分使用鐵件或皮帶。二結穀倉最難得的是將高達三層樓的木造碾米機依原樣修復，在機器之間還以紅磚柱體做連結與支撐點，整台機器可讓稻穀完成入料、輸送機、剝殼、分開稻殼、米篩後分為米糠及糙米等程序。遊客可爬上一旁的分層樓板更仔細地觀察此設備。

結合民俗活動，活化古蹟

二結穀倉原本也逃脫不了被拆除的命運，經大二結基金會呼籲保存，而有重現的機會。林奠鴻表示：「我們一直認為古蹟、歷史建築乃至於文化資產都需要活用，這樣才能發揮這些珍貴實物的功能；透過推廣或舉辦相關活動，就會有活的古蹟、活的歷史建築。」

基金會接手管理穀倉已經邁入第七年，林奠鴻指出，除了將這處空間規劃為稻農文化館，還與地方民俗結合，包括舉辦年度盛事祈冬祭典，這是為了傳承在地

陣頭文化而發起的活動；選在每年立冬之前，以大神尪、陣頭、官將首迎神助陣，有意參與的人，可於半年前跟大二結王公藝術研究所報名學習。其他還有擡轎、鼓藝、武術等，課室也多半選在二結穀倉。另外，才規劃不久的假日市集，也選在穀倉後的圓形廣場舉辦，擺設攤商多為在地品牌，如紙文化館、友善小農小鋪等十多家，是參觀古蹟之餘另有驚喜的精采活動。

建築導覽達人：大二結文化基金會董事長**林奠鴻**

致力於推廣大二結地區的文化資產，結合在地民俗活動，使古蹟煥發更璀璨的光彩。

穀倉的氣孔

悶熱的環境容易使稻穀發霉，穀倉裡處處有通風的管道。這個看起來不到一個拳頭大的小洞，便是米槽旁的通風口。

拱形窗

穀倉屬於和洋折衷式建築，在設計格局上處處可見洋式手法，包括這些安置於穀倉外或山牆上的弧形拱窗都是例證。

INFO

地址：宜蘭縣五結鄉三興村三興西路171號
電話：（03）950-1680
營時：09:00～17:00，週三休
門票：50元，可抵館內消費
網址：www.facebook.com/ErJieGuCang

花蓮縣

花蓮鐵道文化園區

舊東線鐵道走過繁華與滄桑

以花蓮港出張所為中心樞紐，
花蓮鐵道文化園區還包含有工務段、
警務段等相關機構，
從一九〇九年開始，
肩負起東岸鐵路運輸的重任；
而這些全木造建築也在完成修復後，
成為花蓮當地見證東線鐵道曾經繁華的活教材。
園區內一草一木，一景一物，
都有舊時光走過的痕跡。

建造貫通全台的鐵道網路系統，在日治時期是當局者的重要政策之一，其中也包括東岸鐵路的計畫。一九〇八年，在歷經多年的考察後，臺灣總督府終於獲准興建東岸鐵路，並以窄軌鐵道架設，是台灣保存最完整的窄軌鐵道基地遺址。

為因應辦公業務，花蓮港出張所也於一九〇九年建造，掌管所有東岸鐵道運輸管理，包括其附屬的單位、設備如工務段、警務段、機電廠陸續成立，如同東部的交通部，地位重要。

「花蓮港出張所等同於東部鐵路網的大腦，所有的調度、司機訓練、維護等事物都須由其辦理決定。」台灣鐵路局企劃處長葉日洋老師是專業導覽者，對於花蓮港出張所有著深厚感情，他曾在此擔任總務主任，對於園區裡的一草一木如數家珍。

HOTEL

水深危險
請勿攀越

花蓮縣政府在二〇〇二年將花蓮港出張所、工務段、警務段列為歷史建築，並予以修復開放，目前規範為一館與二館區域；一館即為出張所，二館則是工務段、警務段所屬辦公房舍，兩區串連步行可達。

鐵道辦事處——和洋折衷式樣

出張所（意為辦事處）是一處四合院格局的建築，屬於和洋折衷式樣。由於第一代建築於二次大戰被砲火擊毀，現今樣貌是依照一九四九年樣式興建，與原始設計稍有出入，但依舊保有日式風情樣貌。

一館作為鐵道文化館展示鐵道文物，原本為出張所各科室的辦公空間，大門前綠蔭蔽天的百年老樹有榕樹、茄苳、樟樹，葉老師指出在出張所決定裁撤後，老樹也生了重病，似乎也在惋惜這個單位處的消失，點滴小故事象徵在地人對於老建物的懷念與情感。

建築物正面是一排長屋，正中央有哥德式高塔設計——此處與後方的中山堂均屬寄棟造屋頂；東側建築則為簡單的切妻造屋頂。根據一九三一年拍攝的照片，可看出高塔旁還有老虎窗設計，重新建造後則沒有這處空間。屋瓦全為日本黑瓦，修復時採新舊瓦互相搭配使用；主要的舊瓦全集中使用於中山堂。

中山堂——細節處展現設計美感

辦公室規劃以功能性為主，依職等設有處長室、副處長室、機務課、會計課等，木框大開窗設計，讓室內擁有明亮的光線，在此辦公，可一邊欣賞中庭的綠意

與藍天，想必效率極佳。

館內的設計美學大部分出現在中山堂這棟聚會場，例如牆上的小圓窗與木門上的菱形玻璃透窗等，為園區帶來些許設計感。此處早期是訓練機員的地方，後來也作為康樂空間——葉老師曾舉辦舞蹈與歌唱團，這裡就曾經是團員們練習的場地。

館舍都是採用來自林田山或池南林區的檜木所打造，修復時，並沒有對中山堂這棟建築上太多保護漆，因此，檜木的香氣能在周邊淡淡飄揚。

鐵道舊文物展示——帶你走進老光陰

對於鐵道迷來說，這裡的舊文物展示絕對讓人讚嘆。早期的票卡，散發著歷史走過的光芒；花蓮港驛雖然消失，透過大片立體模型，依舊能看出那個時期的樣貌。

針對列車調度，老台鐵人葉日洋老師熟練地拿起紅綠旗幟解釋調度旗語及號誌燈的作用，這些都是參觀老建築的同時，能深度認識的鐵道文化。

二館隸屬於工務段和警務段的機關區域，主要負責東岸鐵路的維護與治安工作。館內設有五棟建築，包括工務段辦公室、警務段辦公室、道班工房、打鐵工坊與居留室。前四棟為木造建築，工務段辦公室設有避雨廊，警務段辦公室設有扶壁等，都是較特殊的風格。道班工房室是放置修復材料的倉庫，打鐵工則是進行鐵件鍛造的任務。此區未來計畫以招商方式引進特色小店營運，讓眾人在參觀歷史建物之餘，也能品味美食與購物。

建築導覽達人：
台灣鐵路局企劃處長**葉日洋**

花蓮縣富里鄉人，資深台鐵人，退休後任台鐵工會顧問，並教授相關課程，持續為台灣鐵道發展盡心盡力。

電氣路牌

管制列車進出火車站的儀器，設備包括電氣路牌閉塞器、金屬路牌及電氣路牌套。其中，電氣路牌套是司機員與站長互相交接確認無誤後才能出發的物件。

LDT103

一九四二年東急公司專為東岸窄軌鐵路而生產的運輸列車，是日治時期的主要交通工具，僅生產四輛，機車總重四〇．四八噸，牽引力八六〇〇公斤；四個主動輪屬於煤水車，是台灣唯一一輛大型的窄軌蒸汽車頭。

INFO

地址：花蓮縣花蓮市中山路71號
電話：（03）833-8061
營時：10:00～12:00，14:00～17:00，週一休
網址：www.facebook.com/HualienRailway

和風 花蓮縣

松園別館

花蓮僅存日治時期軍事建築

太平洋戰爭爆發，
日本當局主要心力都在戰備事宜上，
包括興建指揮中心。
松園別館就是當時的花蓮港陸軍兵事部，
興建於昭和十七年（一九四二），
位在隱密性高的美崙山腰。
兵事部包括前棟辦公室、
後棟宿舍與戍衛房、軍官聚會所等，
是台灣少見的軍事歷史據點。

一九四一到一九四五年的太平洋戰爭，日本是主要參戰國，所需兵源甚緊，於是在各地開始徵兵。台灣也不例外，當時為了募兵與管理兵役，在花蓮成立了花蓮港陸軍兵事部，也就是松園別館的前身，特地選在可俯瞰美崙溪出海口的美崙山半山腰——這裡在一九二一年大量種植可耐風、抗鹽、定砂的琉球松；超過一百三十棵的綠松形成天然屏障，是兵事部在此選址的原因之一。

兵事部辦公室採折衷主義式樣

花蓮港陸軍兵事部整個園區與鄰近的放送局、海岸電台及自來水廠串連成緊密體系，早年是禁入區，在花蓮人心中是不可說的祕密基地，直到別館修整開放，揭開神祕面紗，讓人得以一窺軍事重地的古往今來。

園區面積約有一公頃多，老松環繞的

建築有四棟，包括辦公室、宿舍與小木屋等。

前棟辦公室為一處二層樓的ＲＣ混合磚木建築，採折衷式樣，黑瓦、拱廊的設計，讓此處東西方韻味交融，沒有過多裝飾的手法，也帶點現代極簡主義的影子。日治時期一樓是辦公室與廚房、伙房與洗衣間，二樓則作為軍官宿舍使用。比較特別的是，前後均設有迴廊相通，二樓東側區域封起，推估是後來進駐單位的手筆。另外，在中央樓梯間的設計一併考量疏散的便捷，特地採取可前後相通的作法，也是這裡的特色之一。

軍官聚會所與戍衛房

別館的和風建築韻味展現在後棟的區域，與辦公室連接、位於後方的松園餐坊，是以前的士兵宿舍，專門提供給官階較低的兵士們住宿，樣式簡單，屬於一字型格局，切妻造屋頂。由於年久失修，已大部分毀壞，文化部整修後，僅留屋頂與Ｙ字柱列，規劃開放式空間供應餐食；主餐有原住民風味餐與中式菜色，招牌飲品是現打的五葉松汁，對應周遭的松木景致，很是愜意。

餐坊一旁的生態水池栽種多種台灣原生植物，此處在當年作為消防水池，於火災發生時就近滅火。獨棟小木屋也是遺留文物之一，原本是軍官聚會場所，後來規劃成別館的講堂與展覽空間。戍衛房在辦公室東側，中間有一木造通道串連，現在僅留屋頂部分，原本的黑瓦改成玻璃材質，增加通透性。

老空間進駐文創商品

舊建築要注入新生命才能再度煥發光采，營運單位「祥瀧」是資深策展公司，在靜態陳列品上，選擇與在地的獨立創作者合作，引進風格獨具的文創商品，包括蔡月娥設計師手工縫製的貓頭鷹布娃娃、江彤的手作琉璃、那都蘭工作室的太魯閣系列織品等，均值得細細選購。

松園別館在二〇〇二年被列為歷史建築，而後老屋變身，用藝文與朗朗詩歌串起時空記憶。從二〇〇六年開始，每年十、十一月舉辦的「太平洋詩歌節」已是此區盛事。剛硬的軍事基地在文創與文學風情的薰陶下，呈現截然不同的味道。

二樓西側的詩歌書房，羅列著諸多文人的詩詞創作，楊牧、余光中、鄭愁予、黃春明、陳黎、席慕蓉等詩人的身影也曾點亮基地的風華，坐在面海廊道的復古沙發椅上，聆聽海風絮語，很是悠哉愜意。

建築導覽達人：
館長**羅曼玲**

松園別館館長，同時也是營運單位祥瀧公司的執行長，對於松園別館有深入的瞭解。園區內的一草一木、一磚一瓦，乃至於進駐的文創商品均瞭若指掌，也是「太平洋詩歌節」活動的主要推手。

屋頂天窗

前棟水泥建築為切妻造屋頂覆以日本黑瓦，原本沒有開窗，修復時，考量採光與通風，在屋頂鑿開洞口，並安裝活動式玻璃窗片，陽光穿透時，帶入點點松影，營造和煦意境。

窗戶通風口

日本建築很注重通風與氣流的順暢，因此，在門窗上都有相關的設計手法，此為松園前棟水泥樓的窗戶，在底層部分以活動式的開合木板製作，能有效控制內外氣流的進出時間。

INFO

地址：花蓮縣花蓮市松園街65號
電話：（03）835-6510
營時：09:00～18:00，每月第二週二休
門票：全票50元
網址：www.pinegarden.com.tw

花蓮縣

慶修院

訴說花蓮移民村歷史點滴

日本明治時期神道教大為盛行，
神社遍及全國，
連殖民地台灣也不例外。
慶修院作為台灣東岸佛寺的代表意義不容忽視，
相對於佛寺院建築的稀少，更顯珍貴。
這處宗教據點建於大正六年（一九一七），
前身為真言宗吉野布教所，
是當時吉野移民村的信仰中心，
供奉不動明王，
格局包括正殿、手水舍、庭院與八十八尊石佛，
是瞭解日本佛寺院歷史的經典場所。

花蓮在日治時期規劃三大移民村，吉野村，也就是現今的吉安鄉是其中之一。那時的移民人口多來自日本四國島吉野川附近的住民，這也是移民村命名的由來。村里聚落組織完善，包含移民指導所、區役場（鄉公所）、高等尋常小學校（今吉安國小）、神社、郵便局等。「真言宗布教所」因源自四國地區之故，也在日人川端滿二的發起下興建，直到光復後改為「慶修院」至今。

正殿為日本傳統寶形造建築

慶修院已列入國定古蹟，文化部在二〇〇二年修復之後委外經營，歷經多個管理單位，目前則由花蓮縣文化局管理營運。整個園區最具參觀價值的當屬正殿建築，這處布教空間包括有拜堂與布教壇，格局屬於正面三開間，側面四開間的規模，設有凹型迴廊走道，與拜堂之間隔著

院修慶

活動式門片，門片木板腰高約有九十公分，其上鑲製玻璃格窗，可引進大量光線，讓堂內明亮開闊。

屋頂式樣設計為台灣少見的寶形造建築，等同於中國的攢尖式屋頂，特色是沒有正脊，僅中間一處寶頂；舉凡日本金閣寺、銀閣寺與法隆寺的伽藍寶塔，均屬此種式樣。

正殿主要建材均為木造，比較特別的是，屋瓦並非台灣常見的日本瓦被覆，連同正面延伸出來的向拜（寺院、神社正殿門口垂懸部分），都使用銅片打造，這樣的建材也可在台灣其他神社建築看到。正殿目前供奉不動明王、毘沙門天王，拜堂可脫鞋入內參觀，惟奉立神像處的教壇禁止進入。

八十八尊石佛的旅行

環視正殿之外的庭院景色，慶修院仿如一座日本庭園，四周的廊道為後來增建，供奉的數十尊石佛也是珍貴的文物，此為真言宗重要的八十八尊石佛。在日本四國有八十八處靈場（寺院）與弘法大師有關，虔誠的信眾會跟隨大師的足跡參拜這八十八座寺院。當年移民來台的日本人無法回鄉祈願，川端滿二便逐一從家鄉請來八十八尊石佛安置在布教所內，讓信徒們能就近參拜。

迴廊之內的石像莊嚴肅穆，新舊交陳，當年的八十八尊石佛因為年代久遠，保留至今僅存十七尊是原始佛像，其他皆為重新打造，遊客可依石像上字刻的清晰度來分辨。

慶修院四周環境清幽，靜謐宜人，是日本觀光客極愛造訪的佛門勝地。石像前的燭台與鮮花是他們留下的祈願；裊裊煙塵串連著古往今來的故事，繼續等待其他旅人的足跡。

達摩不倒翁與繪馬

繪馬是日本神社或寺院祈願的一種奉納物品，以各種形狀呈現，最常見的是五角形木牌，信徒在木牌上寫下願望，於年終集中火化。達摩不倒翁也有類似的功能，這項祈願物品源自於群馬縣，民眾許下願望後會塗黑一眼，如果願望實現，再補上另一眼，也是年終進行火化，讓依附其中的神使者能上天庭覆命。

高床

架高地基是日本傳統建築的基本工法，稱為「高床」，是為了因應木造建材不受地面濕氣影響而提升高度的方式，有通風、防潮與防蟲蟻蛇鼠的目的。一般標準高度有一尺五吋，大約四十五公分；慶修院地基較高，約一．二公尺。

弘法大師雕像

弘法大師是真言宗的創立者，出家名號為空海和尚，四國讚岐（香川）人士，曾是遣唐使的一員。這尊雕像立於正殿布教壇中央，據說是最原始的塑像，但也有一說為新品。

INFO

地址：花蓮縣吉安鄉吉安村中興路345-1號
電話：（03）853-5479
營時：08:30～17:00，週一休
門票：全票30元
網址：www.yoshino793.com.tw

花蓮文化創意產業園區

酒香淡遠，藝文風進駐

日治前期台灣酒類多為民間釀製，大正年間開始菸酒專賣計畫，株式會社酒廠改為官營，包括舊花蓮酒廠，也就是現在的花蓮文化創意產業園區（簡稱花創）。

舊花蓮酒廠是宜蘭振拓株式會社在大正二年（一九一三）向花蓮港廳花蓮港街承租一五二〇坪土地，成立「花蓮港工場」，專門製造紅酒、米酒。場內設備與建築依序增建直到一九一七年，官方在大正十一年（一九二二）接手，並改名為「臺灣總督府專賣局花蓮港支局」。

舊酒廠經歷戰火轟炸與地震，曾毀壞近三分之二，接手的台灣省菸酒公賣局修復並繼續釀酒製造，直到一九八八年遷移，因新

酒廠才停工。文化部在二〇〇三年針對台灣五大酒廠設立文化創意園區，花創就此轉換新身分，成為一處具有歷史人文、藝術內涵與觀光休憩的旅遊勝地。

花創在二〇〇二年登錄歷史建築，保留下來的廠房與辦公廳舍共計二十六棟，包括位於中華路上的行政中心、酒廠高級官舍、釀酒、包裝工廠等，整個園區近四公頃，面積寬敞遼闊，一棟棟老屋也賦予新生命。

編號三的和洋折衷建築為酒廠的行政中心，一樓歐風、二樓日式的設計創意十足，是園區的門面。編號第四棟的酒精工廠及編號第二十三棟的連棟倉庫，也從酒類調和及澄清分離廠房的功能轉為花創的中型展館。

建築本身就是容器，能海納百品，並賦予新意象。園區目前由新開股份有限公司以ROT案承接，設有自營館、餐廳，不定期舉辦展覽及音樂藝文活動，是花蓮非常熱門的風景地。

INFO
地址：花蓮縣花蓮市中華路144號
電話：(03) 831-3777
營時：展館週一到五11:00～21:00，週六、日10:00～21:00
網址：www.a-zone.com.tw

事事創藝空間——
原料倉庫進駐文創商品

位在仁愛路上的倉庫建築，與編號六號的空間同屬於舊酒廠的原料倉庫，建於一九三七年，現今樣貌為災損後重建。倉庫屬於大開間格局，樣式為傳統的切妻造屋頂，覆以水泥瓦，四周牆面為編竹夾泥牆搭上雨淋板，門前廊道以Y字柱列支撐。比較特別的是，在兩側設有扶壁，這是建築師考量花蓮地震頻繁而增加的穩固設施；為防雨水侵蝕，扶壁也貼有雨淋板。

園區將此處空間規劃為事事創藝空間，引進花蓮地區知名且具特色的品牌商家進駐，包括存仁堂藝瓷、璞石皂房、朗陶林藝術工坊、啥玩藝工作室與無染，其中花蓮獨賣的洽維無染，以出產自然健康的毛巾、帆布包為主，還有相當可愛的台灣島型壓縮毛巾，是購買伴手禮品的不錯選擇。

INFO

位置：花創第7棟
電話：（03）831-3777
營時：週一到五11:00～21:00，週六、日10:00～21:00

遊客服務中心——靜置酒品熟成倉庫

二層樓的水泥建築非日治時期興建的廠房，而是台灣菸酒公賣局接手管理之後增建的區域，完成於一九六九年，為放置酒成品、靜置待熟成的倉庫，現在作為遊客服務中心、園區辦公室、劇場與會議室使用。遊客中心除了能諮詢相關細節，也是報名花創ＤＩＹ活動的據點。ＤＩＹ體驗位在十七棟，內容有蝶古巴特帆布包創意拼貼、酒瓶燈座、迷你日式清酒酒桶製作等，時間約三十至五十分鐘。

INFO

位置：花創第19棟
電話：（03）831-3777
營時：09:00～21:00

文創館——米酒發酵工廠

園區裡最顯眼的兩棟建築分別是編號十七、十八的廠房，其中十七號是酒廠最大的空間，屬於米酒發酵工廠，建於一九二九年。為了放置大型的發酵槽與釀製槽，特別挑高十三公尺；二層樓的格局開了多扇對外窗，窗型上窄下寬，其中，二樓窗戶下方還開了通氣孔，是特色之一。

廠房屬於大開間格局，屋頂採用簡單的切妻造，覆以水泥瓦，外觀裝飾性設計較少，僅在窗戶下方以水泥直線條修飾，帶點現代主義式樣的風格。此地在二〇一三年重新整修後，以文創館概念開放。館內特別規劃一區廠房遺址空間，此處就是擺放大型銅製釀酒槽的位置；穿透的天花板與水泥台基，昭告著釀酒槽夜以繼日運作的歲月。

關於釀酒槽還有一則小故事，據說酒廠關廠後想賣掉這些大型設備，但沒有同尺寸的出入口，只好把北面的整片牆拆除才得以運出，可想見當年工程的浩大。

緊鄰的第十八棟是包裝工廠，外觀最特別之處，在於屋頂多了太子樓的設計，此作為通氣孔用，也有散發酒氣的作用。廠內還規劃有小水溝，據說是礙於早期裝瓶機器不夠精細，時有打破酒瓶的意外，工作人員會直接把遺漏的酒水倒入水溝排掉，也是此處的小故事之一。

INFO

位置：花創第17棟
電話：(03) 831-3777

林田山林業文化園區

寫下台灣林業輝煌的一頁

摩里沙卡（morisaka）是林田山舊名松坂的日文譯音，意為滿布森林的山坡。鑑於林田山豐富的紅檜、扁柏林相，日治時期大正年間有計畫開採，在興築運輸鐵道之後，陸續成立林班與辦公處所，一九三九年初具村落雛型，此時由台灣興業株式會社管理，設有廠長宿舍與課長宿舍、運材流籠、索道與機關車庫等，是林區最有歷史意義的建築。

林區真正繁盛的年代開始於光復後，歷經台灣紙業公司與中興紙業，這一時期員工與眷屬大量進駐場區，曾多達千人在此出入活動。為便利員工生活，場方興建了中山堂、國小、職工宿舍，甚至還有醫務室與米店、理髮部、洗衣部，囊括所有食衣住行，

儼然是一處熱鬧的聚落。

林田山在一九八八年停止採伐，林務局也在二〇〇一年將此地規劃為文化園區，保留與修復不少相關建築與設備。原先的公共澡堂、福利社、洗衣部改為木雕展示館；課長宿舍作為咖啡館；舊的原物料倉庫規劃成林業文物展示館；而中山堂則恢復其原有的功能，除了木雕展示之外，也成為影片放映的場地。

踩著園區內的舊鐵軌慢行，可以想像當時木材運送到此的喧囂熱鬧；透過林場遺跡，能領略台灣林業輝煌的一頁。

INFO

地址：花蓮縣鳳林鎮森榮里林森路99巷99號
電話：(03) 875-2100分機15
營時：陳列館09:00～17:00，週一休

場長館——居高臨下好風光

此處為台灣興業株式會社第一任所長明石庄吉規劃興建，完成於昭和十四年（一九三九）。日式官舍有其興建的規格，這裡的布局完全依照大正十一年「臺灣總督府官舍建築標準」設計，屬於丙種官舍雙拼建築，屋頂採寄棟造形式設計，外覆雨淋板，擁有獨立的庭院與園區制高點。館舍內空間如同一般標準配備，包括有玄關、客室、風呂、台所、便所等。

宿舍在二〇〇四年整修後，一度作為林務局官員度假所，後於二〇一三年開放民眾參觀，遊客得以一窺林場高級官員的生活起居空間。此處目前作為陳列館並展示館；原有的起居空間依不同功能展示陳列品，規劃有書房、林田山大世紀展覽室。最特別的，就屬一間模擬場長書房的區域，鋪有榻榻米的地板與書桌等舊文物，營造古早氛圍。有趣的是，還有一尊人形蠟像安坐於此，非常逼真。

INFO／營時：09:00～12:00、13:00～17:00，週一休

中山堂——
林場內的電影院

一般以為園區內的中山堂興建於日治時期，其實這間禮堂是在光復之後才設立。那時伐木業極為興盛，參與的員工與眷屬多達四、五百戶，為了擁有大型的聚會場所，負責管理的中興紙業便在一九五五年以檜木打造這間大禮堂。初期作為一旁的森榮國小學生使用，後來公司斥資購買日本進口的放映設備，成為員工們閒暇時欣賞電影的場所，而這也是當時主要的娛樂活動。

林業蕭條之後，中山堂荒廢一段時間，林務局與文建會（現文化部）撥款整修，於二〇〇三年展現新貌。全棟以檜木原樣重現，工法參考原始設計，使用「人字梁」架設屋頂，面積約有一四〇坪。除了工藝師的大型木雕作品陳列之外，當年的古董放映機也重回娘家，擺放在入口處，讓老員工們細細回味。禮堂內羅列著長條板凳供遊客們歇息，而不定期舉辦的音樂會也常在此上演，為園區營造悠閒氛圍。

INFO 營時：09:00 ～ 12:00、13:00 ～ 17:00，週一休

林田山咖啡館——課長宿舍瀰漫咖啡香

偌大的園區內，並沒有幾處餐飲空間，唯一的一處就是這間林田山咖啡館，這裡也兼任服務中心，提供諮詢。咖啡館原是林場的課長宿舍，與場長宿舍同屬雙拼式建築；屋頂式樣也是黑瓦覆蓋的寄棟造格局，位在林場地勢上坡處。此區都是規劃給高等官員住宿，備有客室、台所與便所等基本要件。

咖啡館在二〇〇五年開始營運，為作商業空間，已在格局上略有更動，地面全鋪上木板，遊客們須脫鞋入內；原有的隔間位置依稀可見，只在拉門或窗戶處改裝玻璃，並增設藝品展示櫃；原來出窗位置也改成坐榻，讓遊客能欣賞窗外美景。整個區域保有些許和風，提供餐飲以輕食、咖啡為主，是園區內一處悠閒放鬆的據點。

INFO
地址：花蓮縣鳳林鎮森榮里林森路99巷46號
電話：服務中心（03）875-2378
營時：09:00 ～ 17:00

林業文物展示館——綜觀林場伐木紀事

要瞭解林田山完整的伐木歷史，就不能錯過這處空間。此地原本是林場存放機械設備組件的物料倉庫，屬於大開間格局，現在規劃為林場各式物件工具品的陳列室，入門口壁掛各種原木標本，包括此地珍寶紅檜與扁柏。館內依照不同主題展示林場相關用品，包括伐木機具、燙髮部使用的設備、舊屋拆下來的鬼瓦等，其中還有一台小型消防車，適合小範圍的滅火工作。

INFO

地址：花蓮縣鳳林鎮森榮里林森路99巷99-1號
電話：(03) 875-2100分機24
營時：09:00 ～ 12:00、13:00 ～ 17:00

機關車庫、鐵道——林場運輸命脈

鐵道運輸是林場的重要命脈，當山上的林班將一根根木頭吊在流籠往下運送後，就得靠翻山越嶺的鐵軌將木材運出，因此，林場內有不少鐵道遺址，以及曾經服役的蒸汽火車頭與車廂可參觀。

在林業文物館附近展示一台老火車頭，為加藤式汽油機關車，這是利用燃燒木炭產生的瓦斯牽動引擎，因此也有「瓦斯車」的稱號。

在中山堂下方保留一段鐵道，這是原始的鐵軌路線，園區在此設置了一座集材木馬道，簡單的軌道台車上擺放木材，前後兩端有繩索牽引，這是靠人力運材的設備，需要很大的力氣，遊客們也可以現場體驗看看。

醫務室——買米記帳、看病免錢

早期林場對外交通不便，有個頭疼腦熱或缺糧補給時總是麻煩，因此場方特別在場區設置醫務室與米店等據點；前者除了基本醫療設備之外，另設有醫生、護士與助產士，可說麻雀雖小、五臟俱全，更佛心來著看病免費，現在復原了醫務室樣貌，還找來古董級看牙機器與注射筒、藥罐等文物，搭配栩栩如生的蠟像，彷彿當年時光重現。

米店則是因應四〇、五〇年代物資蒐集不易，未免場區內臨時斷貨，特別與鳳林的大型碾米廠合作，以特約米店的模式經營——員工們要買米，請先記帳，再從薪水中扣除，非常貼心。

米店一樣安排真人蠟像與各種器具陳列；店內的黑板記事上還標明進出貨的細節——單位為斗，一旁還有解釋升斗之間的換算內容。店外擺設一台老式單車與一頂斗笠，歡迎遊客在此合影留念。

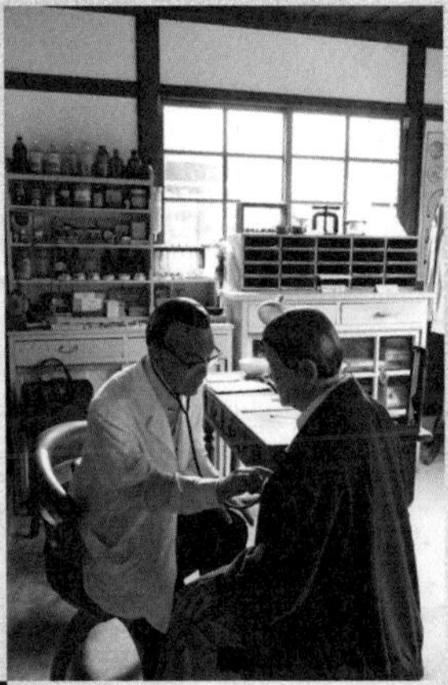

壽豐&鳳林古蹟巡禮

漫遊移民村聚落與菸樓風光

明治維新以後，為解決日本國內人口驟增而土地不足的問題，當局啟動海外移民計畫，而作為新領地的台灣，則成為移民村的首選。那時在山明水秀的東岸花蓮規劃了三處移民聚落，分別是吉野、豐田、林田——吉野是今日的吉安鄉，豐田與林田便是現在的壽豐鄉與鳳林鎮。

吉安因為靠近花蓮市區，聚落繁榮熱鬧，當地有不少日式建築可參觀；與之相比，位在壽豐、鳳林，也就是昔日的豐田與林田移民村，更適合安排一段旅程，在棋盤式的田園路徑中，領略濃濃的和風文化。

日人的移民時間落在大正時期，大約介於一九一二到一九四五年。據估計，當年的移民超過萬人，為此應運而生的機構，如公學校、移民廳及神社等，都是安置居民的設施。

初期由官方移民課規劃，基於安全性考量，住宅道路採棋盤式建設，尤其以豐田村（豐裡、豐山、豐坪）最明顯；至於林田村，因為製菸葉的關係，也出現台灣少見的菸樓建築，都是這兩處聚落值得細細品味的特色。

碧蓮寺——
狛犬、石燈籠的時光守護

二次戰後因為去日本化運動，完整保留下來的神社寥寥無幾，旅行者只能透過一些遺跡去挖掘過往的歷史。碧蓮寺的前身為豐田神社，根據文資局資料興建於大正二年（一九一三），是移民村的信仰中心。神社在一九五八年受颱風侵襲毀壞，原地興建中式廟宇，除了供奉釋迦牟尼佛，不動明王也位列其中——中日神祇同處一室的狀況相當特別。

神社本殿、拜殿均已消失，留存的遺跡至今只剩下殿前的一對狛犬，石雕上依稀可找到奉納者的姓名與年代。從一九二七年打造以來，走過了九十一個年頭，也是碧蓮寺最重要的遺跡之一。

此外，石燈籠與鳥居也是此處的珍貴文物。石燈籠新舊雜陳，遊客可於柱體搜尋刻字，標有昭和、明治等年代者為原始文物。此處石燈籠在「火袋」部位鏤刻「月亮」及「太陽」圖形，是其特殊之處，相對應被覆其上的墨綠青苔，更顯歲月光華。

INFO / 地址：花蓮縣壽豐鄉豐裡村民權街1號

豐田文史館——綠意環繞，落腳老農舍

移民村的過往，讓豐田有不少日式老屋身影。此處便是由居民江金樹家族農舍改建，並作為豐田文史館開放，是一處能概略認識豐田歷史的公共場域。

文史館是由舊址日式警察廳舍遷移而來，所在建築物是一棟日本農舍。館方在修建同時，也保留了老屋特有的建築特色，舉凡屋瓦、編竹夾泥牆、地板對流氣窗、迴廊屋簷等結構一目了然，透過綠意庭園能感受鄉野氣息。

這裡用圖文介紹豐田的故事，包括廣島式與大阪式菸樓的不同之處；而豐田村內全台唯一的廣島式菸樓也在附近，有興趣者可順道前往參觀。

花手巾植物染工坊——仿傳統菸樓內ＤＩＹ植染

進不了傳統的菸樓一探究竟，也無須遺憾，鳳林鎮公所在客家文物館旁打造了一座仿傳統菸樓空間，讓遊客們能入內參觀，還可體驗客家特有的植物染過程。大約二個鐘頭，就能擁有親自做的手巾、布帕。

花手巾植物染工坊由鳳林鎮文史工作協會經營，針對植物染推出短長期的手作課程，包括認識各種適合作為染料的植物如馬藍、咸豐草、小花蔓澤蘭、福木等等；經過採葉、萃取、染擷技藝、煮染、晾乾等步驟，體會染布的樂趣。參與者可自選手帕、提袋或抱枕來進行植物染，適合各年齡層遊客體驗。

INFO

地址：花蓮縣鳳林鎮中華路164號公園內
電話：（03）876-0905　時間：08:00～17:00
費用：手帕染150元起、頭巾染200～300元、提袋250元、圍巾染500元、抱枕染300元

地址：花蓮縣壽豐鄉民族街23號
電話：（03）865-0243
營時：週二到六09:00～16:00，週日08:30～16:00，週一、五休

客庄移民村警察廳——有趣的囚犯體驗

鳳林的移民村集中於大榮一、二村及北林三村一帶，舊時統稱為「林田村」。為了管轄治安，官方在大榮二村設置了警察廳舍林田官吏警察派出所，於大正三年完工，隸屬於花蓮港廳鳳林支廳。

派出所空間為辦公、住宿兩用。左側入口大門是原始格局，進入就是辦公處；右側設有和室房，為警官與警員的宿舍，是台灣少見的連棟規劃。右側水泥建築與大門是國民政府來台後增建的設施，是大榮派出所據點；客委會在修復時，刻意保留這樣的門面，讓人們能同時領略兩個時代並存的軌跡。

添加一點詼諧的創意，原本冰冷的建築也能有趣起來。官吏警察派出所修整後，成為客庄移民村警察廳，管理單位添購囚衣、浴衣，並製作大型手銬；為求逼真，還在牆壁上塗鴉文字漫畫，有趣的標語如「我沒罪，不要關我」、「新來的，給我去掃廁所」。一度開放讓遊客體驗深陷囹圄的滋味，後因人力因素考量，目前除非有活動舉辦，平時並不對一般遊客開放。

INFO

地址：花蓮縣鳳林鎮復興路71號
電話：鳳林鎮公所（03）876-2771
其他：內部空間目前不對外開放

鳳林菸樓——大阪式與廣島式各有巧思

被稱為「綠色黃金」的菸草，在日治時期也順理成章地在台灣推廣製作，因此製菸所需的菸樓建築，也在花蓮移民三村如雨後春筍般林立，其中密度最高的當屬鳳林鎮境內。

菸樓依功能不同，分為大阪式與廣島式兩種式樣。大阪式菸樓在屋頂開設凸氣窗，作為排煙用，也就是太子樓形式，排煙效果好，但容易受颱風損壞；廣島式菸樓將氣窗直接開在屋頂上，屬於平式氣窗，不受限於氣候，但容易引發火災。兩相比較之下，大阪式菸樓較為菸農們所接受，台灣也全屬於這種形式；廣島式只在豐田還能看到。

鳳林鎮的菸樓建築多已毀敗，僅存幾棟修復後的菸樓供遊客們參觀，包括徐家興菸樓、余相來菸樓、林金城菸樓與廖快菸樓，都能從中一窺舊式菸樓設計工法的奧妙。其中，徐家興菸樓是人氣最旺的一處，主人是當地資深的菸農，陪著台灣製菸葉走過繁華的歷史；這座菸樓外觀改以歐風的半木構造形設計，很是特別。

另外一提，這些菸樓群都屬於私人產業，僅能就外部欣賞，不建議入內影響屋主生活起居。

INFO

徐家興菸樓

地址：花蓮縣鳳林鎮大榮二路和民有路交叉口

校長夢工廠——老屋裡的教育夢

因為地靈人傑，鳳林文曲星旺盛，當地擁有一一四位校長的紀錄。為了紀念百年樹人的貢獻與推廣教育者的夢想，文化部選定前身為鳳林支廳長官舍的鳳林國中校長宿舍規劃展示館，介紹歷任校長生平與相關的教學文物。

鳳林支廳長官舍興建於一九二九年，屋頂形式為切妻造與寄棟造混合設計，外覆英式雨淋板，修復後，在窗戶部分以玻璃替換。內部空間為了陳列展品，也去掉所有隔間門片，僅留木造支柱，視野上更為開闊，旅客也能清楚看見最原始的屋架結構。

地址：花蓮縣鳳林鎮民生街16號
電話：（03）876-4479
時間：08:00～12:00、13:30～17:00

美好花生——旅途中文青小店

鳳林的文化歷史成就校長之鄉與菸樓美景，殊不知當地的好風土也讓花生盛產，知名的品牌「美好花生」便是必買的伴手禮。這個以有機栽植打響名號的店家，在田園中開設了漂亮的藝文空間，簡約俐落的清水模建築營造文青感。除了販售花生醬等特產，招牌的台南九號與黑金剛鹹酥花生仁也是熱門商品，週末假日還能品嘗限定的花生湯。此處不定期舉辦藝文展覽與生活工藝課程，是探尋菸樓文化之外的悠閒停駐點。

INFO

地址：花蓮縣鳳林鎮中和路46-1號
電話：（03）876-1330、0933-528-448
營時：10:00～17:30，週三休
價格：鹹酥花生仁80元起、花生醬250元
網址：goodeatss.wordpress.com

和風 台東縣

寶町藝文中心

官邸宿舍飄散人文風情

日治時期台東市所在被行政區規範為台東街，治理當地的首長稱為「街長」，為其建造的官舍為街長官邸。寶町藝文中心所屬的四棟日式屋舍，包括街長官邸在內，均作為政府官員宿舍使用，始建於昭和十二年（一九三七），並陸續興建直到一九四一年完工，現已列為台東縣歷史建築保護。

台東舊名「寶桑」，源於漢人東遷移墾後所建的聚落。根據台東縣文化局提供、由台東專校副教授顧超光老師研究的資料顯示，從明治二十八年（一八九五）起，陸續規劃為台南縣台東支廳、台東支廳卑南辦務署、卑南街直到台東街等行政區域，面積包括台東、馬蘭、富原、加路蘭等地，負責的首長也包括了支廳長、署長與街長；其中，街長官銜均為日治時期稱謂。

四棟日式官舍建築——修建展新貌

安置政府官員的宿舍群，坐落在現今中山路與寶桑路一帶。那時的中心城區規劃為北町、新町、寶町、榮町與南町等五個區塊，官舍位置在北町區內；修復後的官舍群名為「寶町」，乃沿用曾在此設點的寶町藝文工作室，與實際的行政區劃並無關聯。

官邸建築群於一九九九年起，由台東市公所規劃修建；數年間，共計有四棟日式建築陸續完成。左側第一棟為獨棟式格局，即為街長官邸；其他三棟為雙拼二戶格局，提供高階官員住宿。

民權里日式建築群——等待重生翻新

台東縣政府對於轄內的日式建築群已有集體修復的計畫；緊鄰官邸旁的民權里日式建築宿舍群也含括在內。此處與官邸屬同一時期興建，後來作為台東女中的教職員宿舍，因年久失修，已被文化部列入「再造歷史現場專案計畫」重點，預計在四年內補助二億元經費支援修復工程。

建築群共計有二十五棟屋舍，政府已取得十七棟產權，並先行對其中的十三棟予以整建。已完工的為台東女中對面的六七一號宿舍，目前由「出出實驗坊」進駐，是一處結合餐飲美食、藝術交流平台的人文空間。

甲種判任官舍——街長的居所

依照官舍建築標準，寶町四棟官舍之中，街長官邸為甲種宿舍，其他三棟為丙種宿舍。建築均採用日本關東地區的造屋手法「田舍間法」（「間」代表度量衡單位，為柱心到柱心之間的距離。不同地區尺寸不同，關東計量一間為六尺，關西一間為五尺八寸）。

第一棟面積約為三十三坪，格局包括有玄關、座敷、居間、茶之間等標準配備；因為是首長居所，這裡也規劃了女中室（僕人房），最右側為後來所增建。此棟為甲種判任官舍，屋頂為四坡水式，採入母屋造設計，現今屋瓦覆以水泥瓦，並在屋脊尾端用鬼瓦收編——鬼瓦圖案是常見的渦捲狀與花朵狀，兩側加了星形符號。

丙種判任官舍——雙拼二戶建

第二到第四棟均為雙拼二戶建，屬於丙種判任官舍格局，一樣為四坡水式屋頂，不同的是採寄棟造屋根。兩戶各有主要出入口與側門設計，平均一戶面積約十五坪，左右突出空間也是後來增建的範圍。

藝文中心後方巷道上有兩棟等待修復的雙拼建築，也具備相似設計；有趣的是，後來入住者在中間架起矮牆，並標出界限，應是光復後才起造，由此可見兩種民族的生活習性差異。

根據寶町藝文中心提供、由國立臺東專科學校副教授顧超光老師簡報資料顯示，在建造材料與工法上，這群建築與台灣日治時期九成以上的老屋一樣，外牆採雨淋板施作，使用杉木建材；在邊角處，以壓條固定；宿舍為防潮，將地基抬高，使用磚造材料並留通氣窗。牆體採編竹夾泥牆製作，上緣用於通氣的欄間（採光或透氣的空間），現多已空置，只能在街長官邸的部分欄間還能看到竹枝裝飾的設計。

藝文主題，在老屋灑下美學種子

以藝術文化建築美學為題的寶町中心，除第一棟不對外開放，其他三棟均規劃相關主題特展，優先以台東本地的藝術家與社團作品展出，包括李雪維老師藝術創作及手作課程教室、羊毛針氈初體驗——趴趴狗親子藝術體驗活動，以及台東縣書畫教育學會會員創作展等，有靜態的品賞，也有ＤＩＹ的樂趣交流，是暢遊美麗後山的必訪景點。

INFO

地址：台東縣台東市中山路182號
電話：（08）934-0407
營時：09:00～12:00、14:00～17:00，週一休
網址：www.facebook.com/taitungcitybaoding1937

情報旅遊

和風老屋旅行散策

尋訪日式建築，走入老台灣的時代記憶、懷舊聚落、生活情境

文　　字：江明麗
攝　　影：何忠誠
繪　　圖：高慈婕
企劃主編：謝美玲
封面設計：三人制創
美術設計：林佩樺

發 行 人：洪祺祥
副總經理：洪偉傑
副總編輯：謝美玲
法律顧問：建大法律事務所
財務顧問：高威會計師事務所
出　　版：日月文化出版股份有限公司
製　　作：山岳文化
地　　址：台北市信義路三段151號8樓
電　　話：(02)2708-5509　傳　　真：(02)2708-6157
客服信箱：service@heliopolis.com.tw
網　　址：www.heliopolis.com.tw
郵撥帳號：19716071 日月文化出版股份有限公司

總 經 銷：聯合發行股份有限公司
電　　話：（02）2917-8022　傳　　真：（02）2915-7212
印　　刷：禾耕彩色印刷事業股份有限公司
初　　版：2018年10月
定　　價：450元
I S B N：978-986-248-759-4

國家圖書館出版品預行編目資料

和風老屋旅行散策：尋訪日式建築，走入老台灣的時代記憶、懷舊聚落、生活情境／江明麗文字；何忠誠攝影. --
初版. -- 台北市：日月文化，2018.10，288面，16.7×23公分. --（情報旅遊）
ISBN 978-986-248-759-4（平裝）
1.台灣遊記　2.建築藝術
733.6　107015080